LANGUE FRANÇAISE 158, juin 2008 :

Les proformes indéfinies ; indéfinition et prédication.

W9-AFY-009

La composition de ce numéro a été confiée à
Florence Lefeuvre et **Michel Pierrard**

SOMMAIRE

Lefeuvre Florence
Université Paris 3 & Lattice (UMR CNRS / ENS)
Michel Pierrard
Vrije Universiteit Brussel

Les proformes indéfinies : indéfinition et prédication

Le présent numéro s'inscrit dans la continuité des nombreuses études qui, ces dernières années, ont tenté d'appréhender les propriétés des diverses formes *qu-* et leur fonctionnement syntaxique. Les contributeurs ont d'ailleurs tous une large expertise dans le domaine des divers emplois des proformes indéfinies (PI). Son objectif est d'explorer plus à fond, par des études couvrant un large éventail de formes et de constructions, la pertinence d'une appréhension unitaire des proformes indéfinies et les implications d'une telle saisie sur les notions d'indéfinition, de (non-)assertion ou de subordination.

Au cours des dix dernières années, de nombreuses contributions ou recueils d'études ont traité sous de multiples points de vue des questions abordées ici. Ainsi, le numéro 139 de *Langue française* (*La grammatisation du français* : qui que quoi *vs* qui(s) quod *entre* XVI*e* et XVIII*e* *siècles*, Colombat ed. 2003) s'intéresse aux 'indéfinis' *qui/ que/ quoi* dans la perspective du processus de grammatisation du français à partir d'un moule latin et ceci à travers la tradition grammaticale et lexicographique latine et française. Les auteurs proposent en conséquence une analyse fine de la manière de traiter ces formes par les grammairiens et les lexicologues dans la tradition latine et la tradition française du XVIe au XVIIIe siècle. Le numéro XXIV-4 de *Verbum* (*Interrogation, indéfinition, subordination*, Le Goffic ed. 2002) traite également des formes *qu-* et propose une série de contributions traitant plus spécifiquement du rapprochement des classes des relatives, des 'intégratives' et des 'percontatives'. La préoccupation centrale de la plupart des contributions est la caractérisation adéquate des mots en *qu-* comme « marqueurs d'opération ». Enfin *Lexique* (Le Goffic ed. 2007) est ciblé sur la communauté de fonctionnement des mots en *qu-*, notamment dans les emplois d'interrogatifs et de subordonnants. Un des objectifs du numéro est de montrer que ce qui constitue les mots en *qu-* en une famille, ce n'est pas prioritairement leur signifiant mais leur communauté de fonctionnement.

Les termes en *qu-* (*qui, que, quoi, quel, où, quand, comme, comment et combien*) non seulement jouent un rôle central dans la modalisation d'énoncés (cf. leur rôle dans l'interrogation et l'exclamation) mais fournissent aussi en français la totalité – mis à part *si* – des connecteurs interpropositionnels « synthétiques ». Leur éparpillement dans diverses catégories – déterminant, pronom, adverbe ou relatif, interrogatif, exclamatif ou comparatif, particule, conjonction – est mal fondé et depuis longtemps contesté (cf. déjà Martin 1967 ; Moignet 1967). « Que de *que* ! » titrait déjà Henri Bonnard (1968 : 13). Aussi, depuis près de quarante ans, l'analyse de leurs propriétés sémantico-syntaxiques et l'interprétation de leur fonctionnement dans la phrase nourrissent le débat linguistique. Mentionnons par exemple la controverse suscitée dans les années 1970-1980 par le complémenteur, l'élément COMP postulé par la grammaire générative (cf. Kayne 1974 ; Obenauer 1976), présent de façon sous-jacente dans les relatives, les interrogatives indirectes, les complétives et les circonstancielles. Et actuellement, les formes en *qu-* sont étudiées dans leur rapport avec l'ensemble de la classe des indéfinis, en particulier pour leur fonctionnement comme terme à polarité ou terme de libre choix (cf. e.a. Haspelmath 1997 ; Vlachou 2006 ; Tovena, Déprez & Jayez 2004 et Jayez & Tovena 2005).

Aujourd'hui, dans le prolongement des travaux de Muller (1996a) ou de Le Goffic (e.a. 1993 ; 1994 ; 2002 ; 2007), un certain consensus semble se dégager pour explorer plus à fond la piste d'une saisie unitaire des formes *qu-* à partir de leur fonctionnement de « pronom », « pronom réduit » ou de « conjonction » (Muller 1996a : 38-40). Ces *proformes indéfinies* ont la capacité de remplir le rôle fonctionnel d'une catégorie syntaxique et renvoient chacune à une catégorie ontologique fondamentale. Elles seront analysées soit comme des marqueurs de variable qui engagent « une opération de parcours » (Le Goffic, 2002), soit comme des morphèmes caractérisés par « une identification lacunaire d'un référent, qui ne peut être spécifiée qu'à travers un apport matériel externe » (Pierrard & Léard 2006).

Une telle approche implique des conséquences importantes qui doivent être analysées plus en profondeur : on en déduira par exemple que ces proformes indéfinies possèdent non seulement un même statut catégoriel mais qu'elles génèrent également

– des propriétés sémantiques similaires ;

– et/ou des rôles syntaxiques parallèles, en particulier dans la modalisation et la connexion de prédications.

L'ampleur de ces convergences et leur impact sur l'appréhension d'une série de concepts sémantico-syntaxiques doivent toutefois être testés sur un large éventail de constructions, dans la mesure où l'orientation proposée soulève encore une série d'objections pratiques et ouvre des débats autour de notions théoriques cruciales en sémantique et en syntaxe.

1. La démarche évoquée ici pose en premier lieu une série de questions concernant l'extension du domaine impliqué. Ces questions touchent fondamentale-

ment au rapport entre le statut de proforme indéfinie et le fonctionnement de ces morphèmes dans la prédication.

1.1. Jusqu'où peut-on aller dans l'incorporation des formes dans la classe des PI ? Considérons les exemples suivants :

(1)   a) Je pense que Paul viendra.
        b) L'homme {qui est venu hier/que tu as vu hier} est mon frère.
        c) Paul est aussi grand que Jean.

Doit-on considérer que la 'conjonction' *que* (1a) peut être rattachée aux PI ? Quelles en seront les modalités et surtout les conséquences pour l'interprétation de son fonctionnement ? Le statut du *que* 'comparatif' (1c) est lui aussi controversé (Muller 1996c : 245-248). Enfin, les formes *qui/que* en (1b) sont traditionnellement analysées depuis Kayne (1975) comme une variation du complémentiseur QU- (cf. aussi Blanche-Benveniste et al. 1990 ; Hirschbühler & Labelle 1996 ; Kahane 2002) et ne feraient donc pas partie du paradigme des PI.

1.2. Retrouve-t-on les caractéristiques des PI dans l'ensemble des constructions où ces formes sont utilisées ? De fait, l'extraordinaire expansion des constructions impliquant des PI semble entraîner un délitement de leurs propriétés de base :

(2)   a) Je partirai quand tu partiras.
        (incidence ou cooccurrence : « au (même) moment où »)
        b) Quand la salle fut vide, on ferma les portes.
        (coïncidence-antériorité : « une fois que »)
        c) Quand on est maladroit comme ça, on reste chez soi.
        (condition : « si »)

(3)   a) J'agirai comme tu agiras.
        (identité de manière)
        b) Comme caissière, Léa est excellente.
        (qualité)
        c) Comme ses raisons paraissaient bonnes, on s'y rendit.
        (cause)

À première vue, les emplois 'conjonctionnels', voire 'prépositionnels' (3b) de *quand* et *comme* en 2b-c et 3b-c sont déjà fort éloignés des emplois 'intégratifs' (2a/3a) qui peuvent encore être ramenés à un fonctionnement de PI (Benzitoun 2006 ; Léard & Pierrard 2003).

2. Le regroupement de l'ensemble des morphèmes considérés au sein d'une seule et même classe et surtout les propriétés sémantico-syntaxiques qui y sont associées suscitent une série de réflexions autour de concepts théoriques se rapportant une fois de plus à l'interaction entre indéfinition et prédication (cf. Corblin, Ferrando et Kupferman 2006).

2.1. Un premier domaine d'exploration touche au lien des PI avec différentes séries d'expressions indéfinies (EI) en *qu-* (*qu- que ce soit, n'importe qu-, je ne sais qu-, quiconque, quelque* : cf. e.a. Paillard 1997 ; Blanche-Benveniste 2003 ; Vlachou 1996 ; Muller 2006), qui peuvent fonctionner comme terme à polarité (*qui que ce soit*) ou terme de libre choix (*n'importe qui*). Ces expressions ont une PI dans leur base et sont également considérées comme des indéfinis. Or, les PI et les EI ne peuvent commuter :

(4)   a) Le garçon {qui/ *qui que ce soit} est venu hier est l'ami de ma sœur.
       b) Ils achètent {n'importe quoi/ *quoi} {n'importe où/ *où}.

Quelles conclusions tirer de cette confrontation pour la spécification du concept même d'indéfinition et pour le fonctionnement des expressions indéfinies ? La spécification de ces deux sous-classes d'indéfinis ne peut se concevoir qu'au sein de la prédication : « L'indéfini, et ceci l'oppose au défini, n'est pas une expression qui déterminerait son interprétation "indépendamment" de la proposition dont il remplit un argument » (Corblin, Ferrando & Kupferman 2006 : 7).

2.2. Et précisément, dans la prédication simple, le rapport des PI avec l'assertion mérite d'être creusé. En effet, un des contextes d'emploi les plus fréquents des PI se trouve dans une phrase indépendante non assertive, ou en périphérie d'une proposition assertée (cf. Lefeuvre 2006a ; Pierrard & Léard 2006) :

(5)   a) Tu regardes quoi ? – Je regarde Le Voleur de Bicyclette de De Sica.
       b) Comme il fait beau !

(6)   a) C'était toujours un journal de droite, bon d'accord, mais libéral, quoi. (I220, Chourmo)
       b) Il a réussi et comment !

Dans cet emploi en indépendante, les proformes ont la particularité de ne pas pouvoir être assertées, contrairement aux expressions indéfinies qui peuvent l'être dans certaines conditions :

(7)   a) *Qui/ n'importe qui peut résoudre cette question.
       b) Tu lui donneras *quoi/ n'importe quoi.

Les PI ne peuvent pas se stabiliser sur une ou plusieurs valeurs de la relation prédicative. Elles balaient tous les éléments d'une classe sans jamais s'arrêter sur un élément précis. Une proposition qui comporte un tel mot ne possède pas de valeur de vérité. En revanche, avec des pronoms tels que *quelqu'un, quelque chose*, on est assuré qu'un élément au moins pourra valider la prédication, ce qui rend possible l'assertion des énoncés où ils apparaissent :

(8)   a) Quelqu'un est venu.
       b) Tu regardes quelque chose.

Ces mots tels que *quelqu'un* et *qui* sont des variables en ce qu'ils ne correspondent pas par eux-mêmes à un élément précis d'une classe mais à une classe d'occurrences. Mais avec l'un, l'assertion est possible, alors qu'avec l'autre, elle est impossible.

2.3. Enfin, le rôle que jouent les PI dans la connexion de prédications (Muller 1996a ; Pierrard 2005) mérite d'être reconsidéré à la lumière du statut proposé pour les formes en *qu-*.

Souvent en effet, les PI se trouvent à l'intersection de deux propositions et semblent alors remplir la fonction d'un subordonnant. Or, ce qui les caractérise spécifiquement en connexion de prédications, c'est qu'elles établissent un lien entre ces prédications, soit en co-saturant des arguments dans les deux prédications (9a-b), soit en instaurant un rapport sémantique hiérarchisé de type source/ antécédent (10a) ou avant/ après et comparé/ étalon (10b) :

(9)   a) J'aime qui m'aime/ J'aime ce que tu aimes.
      b) J'irai où tu iras / Quand on veut, on peut.

(10) a) Voilà *le livre qui* m'avait été demandé
      b) Il *m'a téléphoné* quand il *est arrivé en France*.

Dans cette optique, la 'subordination' serait une opération complexe, produit d'une combinaison de divers paramètres (rôles sémantiques, place syntaxique, réduction de la prédication, ...). La saturation d'un argument du prédicat support (9a-b) par un élément qui est aussi argument du prédicat apport (11),

(11) Préd 1 <= *qu-* argument de Préd1/2 <= apport prédicatif particulier de Préd2.
      (Je parlerai <= à qui <= tu parleras)

tout comme ensuite la hiérarchisation de la concomitance sous la forme d'un rapport source/anaphore (10a) ou avant/après (10b) ne constituerait dès lors qu'un des paramètres de cette opération. Plaident sans doute dans ce sens les emplois des PI où la valeur 'subordonnante' de la construction ne s'impose pas :

(12) a) Et Jean qui n'est pas encore là.
      b) Il a récupéré ses bagages, après quoi nous sommes passés à la douane.
      c) Ils se préparaient à gagner l'intérieur de l'île en remontant le rio, quand, soudain, une ombre se dressa devant eux. [Verne, *Robur le conquérant*]

Ces observations recoupent de vifs débats parmi les linguistes sur la pertinence même de la notion de subordination pour embrasser la totalité des relations multiples marquées par des 'subordonnants' (cf. Lehmann 1989 ; Koch 1995).

L'ensemble des textes de ce recueil doit donc se lire à partir d'une grille d'analyse qui oriente l'observation sur deux problématiques et qui fédère ainsi les diverses études particulières :

a) l'évaluation de la pertinence du cadre d'appréhension unitaire proposé et des problèmes qu'il pose au niveau d'une large gamme de marqueurs et de constructions. Il s'agit à la fois de la place des morphèmes particuliers dans le paradigme global des proformes en *qu-*, ceci autant sur un plan sémantique que sur un plan syntaxique, et du statut catégoriel des proformes en *qu-*, ce qui inclut la question de l'unicité morphologique d'un morphème, sa grammaticalisation et sa réanalyse éventuelle mais aussi plus généralement l'étanchéité de la séparation entre proformes et conjonctions.

b) la réflexion concernant le lien entre relations syntaxiques et classes grammaticales particulières, posé à travers les fonctionnements syntaxiques apparemment souvent hétérogènes des PI, ce qui pose la question des diverses implications théoriques de l'approche proposée : les rapports avec la subordination, la (non-)assertion et la modalisation, les marqueurs d'indéfinition,...

3. Voyons plus précisément de quels types de proformes et de tournures syntaxiques traitent ces huit contributions. Ce recueil s'ouvre sur l'article de

Claude Muller qui dresse un vaste panorama des formes en *qu-*, leur attribuant deux propriétés fondamentales, l'indéfinition dans la sélection des individus d'un ensemble et la contrainte de double prédication. Celle-ci est illustrée notamment dans les relatives sans antécédent où le mot en *qu-* épouse une double fonction (COD du premier verbe et sujet du second dans *J'interrogerai qui se présentera en premier*). Elle se retrouve également dans les relatives à antécédent où la relation épithétique à l'antécédent s'ajoute à la relation argumentale dans la subordonnée et même dans les conjonctives en *que* avec une double relation de dépendance, *que* constituant le pivot de la rection du verbe conjugué de la matrice et induisant un lien de type cataphorique par rapport au verbe de la subordonnée. La vocation de ces formes à introduire des subordonnées n'est pas la seule puisque ces formes se retrouvent dans les emplois interrogatifs qui peuvent également s'expliquer comme une double prédication (la première correspondant au contenu propositionnel et la deuxième au savoir de ce qui est vrai et de ce qui est faux). Seuls les pronoms ou déterminants indéfinis échappent aux contraintes de la double détermination grâce à des extensions morphologiques – *quelqu'un, qui que ce soit, n'importe qui*.

S'ensuivent trois contributions sur le ou les « que » du français.

José Deulofeu s'intéresse à la forme *que* dans des emplois non standards répertoriés dans le français parlé, *que* en tant que « circonstant universel » (*c'est laid que ça en peut plus*), *que* articulant deux énonciations autonomes (*ça nous a fait des frais que là les sous ils sont encore partis*), *que* introduisant une principale, notamment dans le cas de la subordination inversée (*il me le demanderait à genoux que je ne cèderais pas*). La difficulté d'analyse de ces énoncés vient de la volonté de les traiter comme des extensions de la notion de rection. Après avoir soutenu qu'il est difficile de voir en ce *que* un adverbe relatif indéfini (Le Goffic 1993) ou un relatif de liaison (Moline 1994), l'auteur montre que ce *que* est une conjonction qui fonctionne à la fois comme marqueur de dépendance grammaticale en microsyntaxe et de relation discursive entre énonciations en macrosyntaxe.

Pierre Le Goffic se penche sur le complétif *que*. Son étude postule que ce mot fait partie intégrante des mots en *qu-*, qui sont des introducteurs de variable, ce qui fait d'eux, par nature, non seulement des interrogatifs mais aussi des instruments potentiels de subordination. La « conjonction » *que* ne constitue pas en effet un terme vide mais bel et bien un pronom employé de façon abstraite, un intégratif non humain (vs *qui* humain (*qui vivra verra*)), attribut de la subordonnée *P* avec ellipse de la copule dans les complétives en *que P* (*je crois qu'il va pleuvoir*), et un relatif neutre attribut de *P* avec ellipse de 'est' dans les complétives en *ce que P* (*je tiens à ce que vous veniez*). Cette analyse permet de donner une description unifiée de ces deux types de complétives.

Michel Pierrard s'interroge sur le statut catégoriel de *que* dans les comparatives équatives (*Robert est aussi intelligent que Maria*) en situant le fonctionnement de cet élément par rapport aux diverses propriétés associées aux formes identifiables comme des proformes indéfinies. S'appuyant sur le fait que ces proformes se situent au croisement de deux prédications, il examine le statut de *que* équatif en premier lieu de façon interne, au sein de la prédication 2 (*que Maria*) et en second lieu de façon externe, au sein de la prédication 1 (*Robert est aussi intelligent que*). D'un point de vue intraprédicationnel, *que* ne s'apparente ni au translateur (/conjonction) *que* ni aux proformes réduites que sont les relatifs, mais s'assimile à une proforme indéfinie avec laquelle il partage plusieurs propriétés ; en revanche, d'un point de vue extraprédicationnel, *que* diffère des proformes indéfinies en ce que la tête catégorielle n'est pas constituée par cet élément mais par le marqueur repère (*aussi*). *Que* équatif s'apparente plutôt à un corrélatif : les deux marqueurs MRep (marqueur du repère) et MEtal (marqueur de l'étalon) se caractérisent par une complémentarité syntaxique et sémantique. Ce rapport instauré entre les deux éléments corrélés assure, par la même occasion, la connexion entre les prédications.

Les quatre articles suivants examinent des proformes indéfinies particulières. **Florence Lefeuvre** et **Corinne Rossari** étudient la proforme *quoi* régime de préposition lorsqu'elle anaphorise une structure prédicative (*Il déjeuna. Après quoi il partit*). Elles mettent en évidence, dans cette configuration, la perte de plusieurs propriétés du mot *quoi* – signe d'une grammaticalisation en cours – et défendent l'idée que, dans ce type de schéma, *quoi* oscille entre un statut de pronom subordonnant relatif et un statut de pronom indéfini non subordonnant. Cinq types de groupes en préposition + *quoi* P se dégagent en fonction de la perte progressive des propriétés de subordonnant de *quoi*. Dans le premier, le démonstratif *ce* est fortement souhaitable comme antécédent de *quoi* (*Ce à quoi il parvint*) et joue un rôle prédicatif ; dans le deuxième, *ce* est facultatif (*Ce en quoi il a raison / Ce à quoi elle répliqua que P*), peut jouer un rôle prédicatif avec la préposition *en* mais pas avec *à*. Le troisième et le quatrième groupe comportent les énoncés où *ce* est impossible et distinguent ceux où le groupe prép. + *quoi* (*à quoi*) occupe une place argumentale de ceux où le groupe prép. + *quoi* joue le rôle d'un circonstant, induisant des relations de discours avec l'énoncé précédent. Enfin, dans le cinquième groupe surviennent des énoncés en prép. + *quoi* qui acceptent la modalité interrogative, *quoi* pouvant alors s'assimiler à un pronom indéfini.

Estelle Moline passe en revue les différents emplois de *comme* pour savoir s'il s'agit d'une proforme indéfinie. *Comme* peut être vu comme une proforme de manière pour rendre compte du fonctionnement d'un nombre important de constructions, caractérisées par une indéfinition fondamentale, laquelle engendre une impossibilité d'asserter. C'est le cas des emplois relatifs de *comme*, sans support nominal (*Il se comporte comme un imbécile*) ou avec support nominal (*Voilà un roman comme tu les aimes*). C'est le cas également des emplois exclamatifs de *comme* et, pour les quelques exemples attestés, de *comme* interrogatif ou concessif (*comme que P*). Pour tous ces emplois, il n'est pas possible d'ajouter un adverbial de manière. En revanche, pour d'autres, *comme* ne peut pas être considéré comme une proforme : c'est le cas des emplois où il est nécessairement suivi d'un objet P complet, mais où les propositions (d'analogie, circonstancielles et énonciatives) ne sont pas sujettes à ellipse, des emplois de grammaticalisation (N *comme quoi* P / V *comme quoi* P) de *comme* qualifiant (*comme médecin, il est tenu au secret médical*) et de *comme* métalinguistique (*il grimpait comme magiquement*). Un des arguments avancés est que la présence d'un adverbial de manière ne modifie pas pour ces énoncés leur acceptabilité.

Ce sont les expressions en *où que P* et *n'importe où*, renfermant la proforme indéfinie *où*, qui retiennent l'attention de **Pascale Hadermann**. En s'appuyant essentiellement sur le cadre développé dans Muller 2006 & Muller 2007, elle montre que *où que P*, partiellement lexicalisé, connaît encore une grande diversité formelle et continue à véhiculer la valeur de concessive hypothétique. *Où que P* se rapproche des termes à polarité et, dans une moindre mesure, des expressions de libre choix, sous condition d'une intégration plus poussée. *N'importe où*, nettement engagé dans le processus de lexicalisation, accepte plusieurs degrés d'intégration à *Q* : élément associé (rare), adjoint ou complément locatif. Il assure essentiellement le rôle de marqueur de libre choix se comportant comme un quantifiant universel et fonctionne exceptionnellement comme terme à polarité.

Christophe Benzitoun réfléchit quant à lui au statut catégoriel de *quand*, à l'aide des critères suivants : présence d'un trait sémantico-référentiel, possibilité d'être suivi par un infinitif, par la tournure *c'est que / est-ce que*, par le mot *que* et possibilité d'être précédé par une préposition. Si *quand* interrogatif semble sans problème constituer une proforme, l'auteur préfère avoir recours à un large corpus pour savoir ce qu'il en est des emplois non interrogatifs. Il ressort de l'étude que *quand* relève alors également de la catégorie de la proforme, même si les critères définis ne peuvent pas s'appliquer systématiquement à tous les exemples.

Bibliographie

BENZITOUN C. (2006), *Description morphosyntaxique du mot* quand *en français contemporain*, Thèse de doctorat : Université de Provence.

BLANCHE-BENVENISTE C. (2002), « Le mot *quel* », *Verbum*, XXIV, 4 (Le Goffic ed.), 363-374.

BLANCHE-BENVENISTE C. (2003), « *Quelqu'un, quelque chose, quelque part, quelquefois* », *Verbum*, XXV, 3, 277-290.

BLANCHE-BENVENISTE C., DEULOFEU, J., STEFANINI, J., VAN DEN EYNDE K. (1990), *Le français parlé. Etudes grammaticales*, Paris, CNRS.

BONNARD H. (1968), « Que de que ! », *Le Français dans le monde*, 59, 13-18.

BORILLO A. (1988), « Quelques remarques sur *quand* connecteur temporel », *Langue française*, 77, 71-91.

COLOMBAT B. éd. (2003), *La grammatisation du français* : qui, que, quoi vs qui(s) quod entre XVIe et XVIIIe siècles, *Langue française*, 139.

COMOROVSKI I. (2004), « *Quel* », Corblin & de Swart éds, *Handbook of French Semantics*, CSLI Publications, Standord, 131-140.

CORBLIN F. (2004), « *Quelque* », Corblin & de Swart éds, *Handbook of French Semantics*, CSLI Publications, Standord, 99-107.

CORBLIN F., FERRANDO S., KUPFERMAN L. éds (2006), *Indéfini et prédication*, Paris, PUPS.

DAMOURETTE J. et PICHON E. (1911-1940), *Des mots à la pensée. Essai de Grammaire de la Langue française*, Paris, Éditions d'Artrey.

DEFRANCQ B. (2005), *L'interrogative enchâssée. Structure et interprétation*, Bruxelles, De Boeck, Duculot.

DELAVEAU A., 1998, « *Qui ?* Un pronom indéfini », *LINX*, 39, 71-87.

DEULOFEU H.-J. (1999a), « Questions de méthode dans la description morphosyntaxique de l'élément *que* en français contemporain », *Recherches sur le français parlé*, 15, 163-198.

DEULOFEU H.-J. (1999b), *Recherches sur les formes de la prédication dans les énoncés assertifs en français contemporain* (le cas des énoncés introduits par le morphème *que*), Thèse d'État, Université de Paris 3.

HADERMANN P. (1993), *Étude morphosyntaxique du mot* où, Louvain-la-Neuve, Duculot.

HASPELMATH M. (1997), *Indefinite Pronouns*, Oxford, Clarendon Press.

HIRSCHBÜHLER P. & LABELLE M. (1996), « *Qui* sujet : conjonction ou pronom relatif ? », Muller, C. éd., *Dépendance et intégration syntaxique. Subordination, coordination, connexion*, Tübingen, Niemeyer, 54-61.

HIRSCHBÜHLER P. (1979), « The french interrogative pronoun *que* », Cressey and Napoli éds, *Linguistic Symposium on Romance Language*, 9, Georgetown University Press, 227-247.

JACKENDOFF R. S. (1983), *Semantics and cognition*, Cambridge, MIT Press.

KAHANE S. (2002), « À propos de la position syntaxique des mots *qu-* », *Verbum*, XXIV, 4, 399- 433.

JAYEZ J. et TOVENA L. (2005), « Free-Choiceness and non-individuation », *Linguistics and philosophy*, 28, 1-71.

KAYNE R. (1975), « French relative *que* », *Recherches linguistiques à Vincennes*, 2, 40-61 ; 3, 27-92.

KOCH P. (1995), « Subordination, intégration syntaxique et "oralité" », H. L. Andersen, G. Skytte (éds.), *La subordination dans les langues romanes*, Copenhague, Université de Copenhague, 13-42.

LÉARD J.-M. (1992), *Les Gallicismes, Étude syntaxique et sémantique, Paris—Louvain-la-Neuve*, Duculot.

LÉARD J.-M. & PIERRARD M. (2003), « L'analyse de *comme* : le centre et la périphérie », Hadermann, P, Van Slijcke, A., Berré, M. (éds.), *La syntaxe raisonnée*, Bruxelles, De Boeck & Larcier, 203-234.

LEFEUVRE F. (2003), « La proposition introduite par *comme quoi* », *Linguisticae Investigationes*, XVI, 2, 259-283.

LEFEUVRE F. (2005), « Le pronom *quoi* renvoie-t-il à de l'inanimé ? », *Le Français moderne*, 2, 170-183.

LEFEUVRE F. (2006a), *Quoi de neuf sur quoi ? Étude morphosyntaxique du mot quoi*, Rennes, Presses Universitaires de Rennes.

LEFEUVRE F. (2006b), « Les emplois prédicatifs du pronom interrogatif *quoi* », Corblin F., Ferrando S., Kupferman L. (eds.), *Indéfini et prédication*, 461-476.

LEFEUVRE F. (2006c), « La structure en *de quoi* », *Journal of French Language Studies*, 16, 51-68.

LEFEUVRE F. (2006d), « Le groupe préposition + *quoi* en début d'énoncé », colloque tenu à Chambéry « *Littérature et linguistique* », cédérom, Lagorgette éd.

LEFEUVRE F. (2007) « Le pronom *quoi* en fonction de complément essentiel direct, attribut ou séquence », *Lexique*, 18 (Le Goffic éd.), 137-164.

LE GOFFIC P. (1991), « *Comme*, adverbe connecteur intégratif : éléments pour une description ». In Guimier, C., *L'adverbe dans tous ses états, Travaux linguistiques du CerLiCO*, 4, 11-31.

LE GOFFIC P. (1992), « *Que* en français : essai de vue d'ensemble », in Chuquet, J. ; Roulland, D., *Subordination, Travaux linguistiques du CerLiCO*, 5, 43-71.

LE GOFFIC P. (1993), *Grammaire de la phrase française*, Paris, Hachette.

LE GOFFIC P. (1994), « Indéfinis, interrogatifs, relatifs (termes en *qu-*) : parcours avec ou sans issue ». *Faits de langues*, 4, 31-40.

LE GOFFIC P. (éd.) (2002), « Interrogation, indéfinition, subordination », *Verbum*, XXIV, 4.

LE GOFFIC P. (éd.) (2007), *Les mots en qu- du français, Lexique* 18.

LEHMANN C. (1988), « Towards a typology of clause linkage », J. Haiman, S.A. Thompson eds, *Clause combining in grammar and discourse*. Amsterdam-New York, John Benjamins, 181-225.

MARTIN R. (1967), « Quelques réflexions sur le système relatif-interrogatif QUI-CUI//QUE-COI en ancien français », *Travaux de linguistique et de littérature*, 5,1, 97-122.

MELLET S. (1994), « À propos de quelques indéfinis latins. Classes d'occurrences et construction référentielle », *Faits de langues*, 4, 49-56.

MILNER J.-C. (1973), *Arguments linguistiques*, Paris, Mame.

MILNER J.-C. (1978), *De la syntaxe à l'interprétation : quantités, insultes, exclamations*, Paris, Le Seuil.

MOIGNET G. (1967), « Le système du paradigme *qui, que, quoi* », *Travaux de linguistique et de littérature*, 5,1, 75-95.

MOLINE E. (2001), « *Elle ne fait rien comme tout le monde.* Les modifieurs adverbiaux de manière en *comme* », *Revue Romane*, 36-2, 171-192.

MULLER C. (1996a), *La Subordination en français. Le schème corrélatif*, Paris, Armand Colin. (Collection U, série « Linguistique »)

MULLER C. (1996b), « *Quand où* sert de *quand* », *Zeitschrift für Französische Sprache und literatur*, 106,1, 6-21.

MULLER C. (1996c), « À propos du *que* comparatif », LINX, 34-35, 241-254.

MULLER C. (2006), « Polarité négative et *free choice* dans les indéfinis de type *que ce soit* et *n'importe* », *Langages*, 162, 7-31.

MULLER C. (2007), « Les indéfinis free choice confrontés aux explications scalaires », *Travaux de linguistique*, 54, 83-96.

NOAILLY M. (1986), « *Qui m'aime me suive.* Quelques remarques sur les relatives indéfinies en français contemporain », *Cahiers de grammaire*, 11, 67-95.

OBENAUER H.-G. (1976), *Études de syntaxe interrogative du français*, Tübingen, Niemeyer.

PAILLARD D. (1997), « *N'importe qui, n'importe quoi, n'importe quel N* », *Langue française*, 116, 100-114.

PIERRARD M. (1988), *La relative sans antécédent en français moderne. Essai de syntaxe propositionnelle*, Louvain, Peeters (Bibliothèque de l'Information grammaticale).

PIERRARD M. (1992), « À propos de la détermination des classes propositionnelles : l'interrogative indirecte et ses rapports avec la relative sans antécédent », *Zeitschrift für Französische Sprache und Literatur* 102, 3, 237-251.

PIERRARD M. (1998a), « Proformes indéfinies et prédication complexe », Forsgren, Jonasson & Kronning éds., *Prédication, assertion, information*, Uppsala, Acta Universitatis Upsaliensis, 424-432.

PIERRARD M. (1998b), « *Comme* relatif à antécédent en ancien français : grammaticalisation de la proforme indéfinie », *Travaux de linguistique, Revue internationale de linguistique française*, 36, 127-146.

PIERRARD M. (2002), « Grammaticalisation et restructuration fonctionnelle : *comme* et la subordination », Lagorgette & Larrivée éds, *Représentations du sens linguistique*, München, LINCOM Europa, 293-308 (LINCOM Studies in Theoretical Linguistics 22).

PIERRARD M. (2005), « Les proformes indéfinies : connexion de prédications et subordination ». F. Lambert, H. Nølke (éds.), *La Syntaxe au cœur de la grammaire*. Rennes, Presses Universitaires de Rennes, 235-244.

PIERRARD M. & LÉARD J.-M. (2006), « Proformes indéfinies et expressions indéfinies : à propos du lien entre indéfinition et prédication »., Corblin, Ferrando, Kupferman eds., *Indéfini et prédication*, 493-506.

PIERRARD M. & LÉARD J.-M. (2004), « *Comme* : comparaison et haut degré », Lefeuvre & Noailly éds., *Intensité, comparaison, degré* (*Travaux linguistiques du Cerlico* 17), 269-286.

RIEGEL M. (1987), « *Qui dort dîne* ou le pivot implicatif dans les énoncés parémiques », Riegel, M. et Tamba, I. (éds.), *L'Implication dans les langues naturelles et dans les langages artificiels*, Paris, Klincksieck, 85-99.

ROSSARI C. et LEFEUVRE F. (2005), « *Sans quoi* : une procédure de justification *a contrario* purement anaphorique », *Travaux de linguistique*, 49, 81-93.

TOVENA L., DÉPREZ V., JAYEZ J. (2004), « Polarity sensitive items », Corblin et de Swart éds, *Handbook of French Semantics*, CSLI Publications, Standord, 391-415.

VLACHOU E. (2006), « Le puzzle des indéfinis en QU- », Corblin, Ferrando, Kupferman éds, *Indéfini et prédication*, 235-250.

Claude Muller
Université Bordeaux 3 & CNRS

Valeurs communes et valeurs particulières des formes *QU-* en français

I. LES ORIGINES DE LA SÉRIE DES MOTS *QU-*

La série *Qu-* remonte au latin, et par-delà, à l'indo-européen (formes masculine-féminine communes, et neutre : *$k^w e$/*$k^w i$, et forme adjectivale *$k^w o$) avec une origine à la fois d'indéfinis et d'interrogatifs de type pronominal, pouvant être employés comme déterminants.

La série complète dans ses prolongements en français recouvre largement les conjonctions de subordination (celles qui incorporent un *que*), inclut les relatifs, les interrogatifs, et son élément noyau est soit adjectival, soit nominal, l'ensemble formant des syntagmes de type nominal ou adverbial, ou des conjonctions de subordination complexes.

Cette série est à l'origine l'un des pôles dichotomiques de la désignation, l'autre étant constituée sur les deux radicaux qu'on identifie habituellement dans les démonstratifs, l'un à base *s/t,* (indo-européen *$*só$, *$*tóm$), l'autre à base vocalique précédée d'une laryngale (indo-européen *$*h_1 e$: Beekes, 202-205), plus spécialement anaphorique. Les emplois corrélatifs se retrouvent dans les langues anciennes (Meier-Brügger, § F408), comme en latin avec les paires *tum / cum, talis / qualis* : il en reste en français la paire *tel/quel*. L'autre démonstratif de base vocalique a également des emplois corrélatifs (ainsi, le pronom issu de*$*h_1 e$ en latin, *is, ea, id,* antécédent ordinaire, ou reprise anaphorique, du pronom relatif).

Ces oppositions des séries désignatives se retrouvent dans d'autres langues que le français, avec des survivances du système des corrélations : anglais *what /that,* allemand *was / das*… Cet ensemble désignatif, avec des passages en diachronie d'une série à l'autre, est à l'origine des séries de pronoms et adjectifs interrogatifs dans les langues actuelles issues de l'indo-européen, ainsi que des conjonctions et relatifs, qui peuvent utiliser soit la série des indéfinis d'origine, comme le latin et le français, soit une série démonstrative comme l'anglais *that*, conjonction et relatif, ou l'allemand *dass* (conjonction), ou les relatifs *der, die, das*.

On peut inclure dans la même série, si on suit Togeby, qui voit dans cet ensemble remarquablement constant de formes « des formes casuelles d'un seul pronom interrogatif-relatif » (1982 : § 477), la conjonction interrogative ou circonstancielle *si*. En effet, ce terme, qui relève lointainement, pour sa morphologie, de la famille des démonstratifs, a hérité pour l'interrogation indirecte des emplois du terme morphologiquement de la série *Qu-* qui signifie la disjonction entre deux valeurs opposées, *utrum* (forme neutre de *uter*) en latin, *whether* en anglais. De plus, ses emplois de « conjonction » hypothétique ne sont pas fondamentalement différents de ceux des relatifs dits parfois « adverbiaux » et peuvent être représentés par des formes *Qu-* dans les paradigmes des langues actuelles (allemand *Wenn*, pour « si » hypothétique).

À ce paradigme ancien se sont ajoutées en ancien français – et s'ajoutent encore, puisque la grammaticalisation n'est pas terminée en ce domaine – des formes composées à partir de la série *Qu-*, formes ayant permis de reconstruire en français des paradigmes d'indéfinis : *qui que ce soit, n'importe qui, quiconque, quelque…* Leur principe général de composition est l'adjonction d'un appendice morphologique à une base *Qu-*, permettant ainsi de sortir des emplois interrogatifs et de connecteurs de propositions. Ce processus de formation d'indéfinis par accroissement sur une forme *Qu-* est très ancien (cf. latin *quisquis*).

2. LES DEUX INDÉTERMINATIONS DES FORMES *QU-*

Les formes *Qu-* simples ne sont pas utilisables telles quelles dans les phrases simples assertives, qu'elles soient positives ou négatives :

*J'ai vu qui / *J'ai fait quoi
*Je n'ai pas vu qui / *Je ne pense pas qu'il ait fait quoi

Il n'y a pas non plus d'emploi générique de type « free choice » (indétermination de choix) :

*Qui doit respecter la loi

Comment expliquer les restrictions d'emploi ? Il ne suffit pas de poser que ces termes ne spécifient pas : si cela suffisait, on les trouverait tels quels dans les contextes à polarité. Il est cependant nécessaire, pour expliquer leur emploi dans les phrases interrogatives simples, de poser une première particularité qui les rend compatibles avec la sémantique de l'interrogation : ce sont des *indéterminés*, dans le sens où leur fonction de représentant ne peut référer à un objet particulier. On peut supposer que leur valeur générale est celle d'une disjonction d'éléments du type x représenté par le contenu particulier de la proforme : personne, chose, lieu, temps, quantité… :

Qu-(x) = tel ou tel… x

Au-delà, pour expliquer l'incompatibilité d'emploi dans les énoncés de type générique ou à polarité, on doit poser une seconde contrainte tenant à leur sous-spécification sémantique :

Pour être interprétable, tout terme Qu- doit être argument de deux prédications.

Cette contrainte expliquera simplement les emplois dans les contextes de subordination. Un cas particulièrement clair est celui des relatives sans antécédent (ce qui exclut *dont*, qui obéit à des spécifications supplémentaires), ayant une fonction dans deux propositions :

J'interrogerai qui se présentera le premier

(fonctions de complément d'objet du premier verbe, et de sujet du second)

D'autre part, on comprendra ainsi comment on peut construire des expressions viables en contexte assertif. Dans :

Il a rencontré je ne sais qui

on peut poser que *je ne sais qui* est objet du verbe ; mais une analyse plus fine est possible, qui expliquera que si la lexicalisation en une série indéfinie *je ne sais (qui / quoi / où / quand...)* est possible, c'est parce que *qui* reste argument (en tant que noyau du syntagme) de « j'ai rencontré » tout en étant aussi argument de « je ne sais ». Pour les mêmes raisons, l'adjonction d'une relative figée issue des formes concessives, dans la série *qui que ce soit*, permet des emplois de cette construction dans les assertions, tout en gardant l'absence de spécification constitutive de la série :

Je n'ai pas vu qui que ce soit

Enfin, les emplois à extension maximale, de type *free choice*, sont rendus possibles par la double prédication :

N'importe qui doit respecter la loi

N'importe, comme *je ne sais*, réalise une forme de subordonnée interne à un groupe nominal[1], si bien que *qui* est spécifié tant par le verbe *n'importe* que par le verbe principal.

Cette contrainte de double prédication, lorsqu'elle est satisfaite, construit par conséquent les deux grands types d'emplois non interrogatifs qu'on trouve avec les formes Qu- : des emplois en subordination, à la jonction de deux propositions, et des emplois où l'une des prédications est réalisée à l'intérieur du syntagme dont la proforme est le noyau, donnant ainsi des séries morphologiques nouvelles et plus ou moins grammaticalisées. L'autre indétermination, sémantique et basique, est ou n'est pas levée par le contexte des deux fonctions d'arguments.

---

1. Bien qu'il n'y ait aucune prédication supplémentaire visible, le *comme* intégré à un groupe nominal dont il ne change pas la fonction (cf. Moline, ce n° et 1996 : *Y'a comme un problème*) semble provenir d'une comparaison intégrée syntaxiquement au syntagme, sur ce même modèle : *quelque chose qui est comme (est) un problème.*

3. LES EMPLOIS INTERROGATIFS

Comment s'expliquent les emplois interrogatifs, qui ne mettent en jeu qu'une proposition dans les questions directes, s'il y a une contrainte de double prédication ? Il semble bien que ce soit justement cette contrainte de double prédication qui rende l'interprétation des formes *Qu-* obligatoirement interrogative, quelle que soit la prosodie de la phrase : *Il a vu qui* ne peut être qu'une question.

On peut décrire[2] l'interrogation partielle comme une prédication double, du point de vue de la structure prédicative : l'une est évidemment le contenu propositionnel, avec un argument indéfini ; l'autre, pas toujours apparente, est relative au savoir de ce qui est vrai et de ce qui est faux, c'est-à-dire, dans les valeurs de l'indéfini, de la détermination de celle ou celles qui satisfont le prédicat par rapport au réel. Par exemple, pour la phrase *Il a vu qui*, l'indéfini *qui* est basiquement une énumération disjonctive de valeurs renvoyant à des individus non spécifiés : *telle ou telle ou telle personne*. Cela ne contient pas l'interprétation interrogative, qui renvoie à un énoncé complexe, du type : *Dites-moi, de telle ou telle personne, si c'est vrai qu'il l'a vue*. Il y a donc bien une complexité prédicative de la question partielle, qui satisfait ainsi à cette règle de la double prédication. Cela se remarque par la paraphrase possible de toute question partielle par une phrase complexe dissociant l'indéfini : *Quelles sont les personnes qu'il a vues ?* Le contenu interrogatif, et la raison d'être de la forme *Qu-*, n'est pas dans la valeur « + humain » de la proforme, mais dans la relation plus abstraite de telle ou telle valeur d'un ensemble avec deux prédications, une action et la relation vrai/faux.

La plupart des formes *Qu-* ont maintenu ces emplois interrogatifs, qui ont traversé les évolutions linguistiques depuis les origines. Quelques-unes y échappent, par spécialisation dans un autre domaine fonctionnel. C'est ainsi que *dont*, interrogatif jusqu'au 16e siècle avec sa valeur étymologique *d'où*, disparaît ensuite des questions partielles parce que devenu obligatoirement anaphorique.

4. LES EMPLOIS RELATIFS

On a déjà vu comment la double détermination explique les emplois de formes *Qu-* dans les relatives sans antécédent. Lorsqu'il y a un antécédent, c'est la relation épithétique à l'antécédent qui s'ajoute à la relation argumentale dans la subordonnée pour construire une seconde détermination qui correspond aux contraintes d'emploi de ces formes :

Je vois la personne à qui Paul parle
= Je vois une *personne telle* que Paul parle *à telle ou telle personne*.

La relation de coréférence, qui passe par la construction épithète du syntagme relatif, détermine parmi les valeurs sémantiques de la disjonction celle

---

2. Pour le détail, voir Muller (1996a : 208) ou plus explicitement Muller (2001).

qui satisfait aussi à la première proposition, permettant de surcroît la détermination de l'antécédent marquée par l'article défini.

Cette analyse ne suppose pas que la forme *Qu-* soit anaphorique en soi : la relation anaphorique est plutôt le résultat de la construction qui met en relation le relatif, avec sa valeur indéfinie, et l'antécédent. La superposition des deux constructions aboutit à la coréférence. Il ne semble pas nécessaire, de ce fait, de poser que les formes *Qu-* aient une quelconque aptitude à marquer l'anaphore. En français, certaines formes du paradigme, comme *quand, combien, comme, pourquoi*, ne supportent guère la relation anaphorique avec un antécédent exprimé[3] :

?*Le moment quand.../ ??la raison pourquoi / ?*autant comme / *la quantité combien

La relation avec un antécédent est plus ou moins lâche : en latin, comme aujourd'hui en allemand, les relatives étaient membres de corrélatives, parfois assez peu liées entre elles, et sans qu'il y ait toujours des critères évidents pour parler de subordination (Muller 2006b). Le relatif peut renvoyer globalement au procès qui le précède, et ce qui suit a parfois les propriétés d'une indépendante :

Il n'est pas sûr qu'il vienne à l'heure. Auquel cas, voulez-vous l'attendre ?

Il n'en reste pas moins vrai que le mot *Qu-* reste ici déterminé par les deux énoncés.

Dans les emplois, souvent décrits comme conjonctifs, de *quand* (à plus forte raison de *si*), aucune correspondance avec un antécédent ou un corrélat n'est nécessaire : le rapport temporel (*à ce moment-là*) ou de situation pour *si* (*dans ce cas-là*) est naturellement inscrit dans le sémantisme de la construction :

Si vous venez, il partira
= Dans le cas où vous venez, *dans ce cas*, il partira

La coréférence, explicite ou non, à un antécédent, n'a cependant pas toujours été observée : le français a connu, jusqu'à l'époque classique, une construction sans coréférence du relatif, attestée dès l'ancien français (Kunstmann, 1990 : 321-324), qui a une interprétation hypothétique et est introduite par un *qui* indéfini (+ « humain ») :

Qui pourrait en détourner Lysandre, ce serait le plus sûr
(Corneille, *La galerie du palais*, v. 1609)

On a souvent vu en cette construction une sorte d'hypothétique déguisée à sujet indéfini (*si l'on*, paraphrase sans aucune valeur explicative). Il n'y a pas de relation de coréférence avec un équivalent, syntaxique ou sémantique, du pronom, ce qui explique sans doute la disparition de cette construction du français postclassique, la coréférence devenant obligatoire. C'est par l'intégration à une autre proposition dans un schème syntaxique formant une phrase

---

3. Pour chacun de ces termes, on peut trouver des emplois marginaux (pour *quand* : cf. Muller 1996c, et la thèse de C. Benzitoun) ou anciens (*comme* a longtemps figuré dans les comparatives d'égalité avec antécédent). La dislocation change aussi ces contraintes.

complexe que la valeur interrogative disparaît et permet l'interprétation énonciative particulière (une sorte d'hypothèse) de cette proposition.

5. DES EMPLOIS INDÉFINIS

Les emplois concessifs sont analysables à partir d'un schème syntaxique plus général, le type *Que P subj, Q*, dans lequel la proposition au subjonctif couvre un domaine d'oppositions :

Qu'il pleuve ou qu'il fasse beau, il se promène tous les jours

à comparer avec :

*Qu'il pleuve, il se promène tous les jours

Si le domaine d'opposition correspond à des valeurs différentes d'une même variable, celle-ci tient à elle seule lieu de domaine d'oppositions :

Quoi qu'il fasse, il a toujours raison
= Qu'il fasse telle chose ou qu'il fasse telle autre chose...

C'est donc la valeur basique, générale, des formes *Qu-* qui apparaît ici. Cet emploi fait problème pourtant pour la seconde règle posée, celle de la double prédication. En effet, contrairement aux relatives, les concessives ne supposent aucun lien anaphorique entre la forme *Qu-* et la principale ; ce lien peut exister, mais il est facultatif :

Où qu'il aille, je l'y retrouverai /... je le retrouverai

On remarque aussi que le placement en position d'argument du mot *Qu-* rend la phrase inacceptable :

*Qu'il aille où, je le retrouverai

Pour retrouver l'acceptabilité, il suffit alors de compléter *Qu-* par une prédication interne :

Qu'il aille n'importe où... Qu'il aille où il veut...

Pour expliquer ces données, on peut supposer que les conditions d'application d'une contrainte comme la double prédication se sont durcies au fil du temps. Cela irait dans le même sens que les données de la construction relative sans coréférence signalée dans le paragraphe précédent. À l'appui de cette hypothèse, on peut ajouter que *quel* déterminant a été remplacé par *quelque* dans ces constructions, à partir du 17e siècle. Ainsi, on voit à cette époque disparaître les énoncés comme celui-ci :

En quel lieu que ce soit, je veux suivre tes pas... (Molière, citation de Haase, § 45A)
On trouverait aujourd'hui : *en quelque lieu que ce soit.*

On verra ci-dessous que *quelque* est précisément une des formes modifiées, ici *a minima*, pour permettre l'utilisation des indéfinis sans la contrainte d'une double prédication. Il semble donc raisonnable d'admettre, pour expliquer cette modification, que la règle d'une double détermination explicite par des prédications croisées s'est substituée à une contrainte moins forte, exigeant simplement que l'indéfini argument d'un seul verbe soit obligatoirement inclus dans une construction syntaxique plus vaste, dans laquelle le lien entre la forme *Qu-* et l'autre prédication est plus informel. On remarquera que ce lien, aussi ténu qu'il soit, subsiste : la principale n'est interprétable qu'avec le sens *dans ce cas*, qui inclut la variabilité des situations correspondant aux valeurs successives de la proforme.

Une autre construction avec un sens indéfini, très différente, est une survivance. Elle ne met en jeu que la forme *qui*, obligatoirement répétée :

> Ils sont sortis en prenant ce qu'ils avaient laissé au vestiaire, qui un chapeau, qui une canne, qui un parapluie

Cet emploi équivaut à celui, plus courant aujourd'hui, de *l'un..., l'autre*. On notera qu'il est conforme à la fois à la valeur basique d'indétermination (*tel ou tel*) et à la double prédication, puisque chaque *qui* est à la fois argument de la prédication d'ensemble, en tant qu'appartenant à l'ensemble de référence (ici, *ils*), et d'une prédication particulière représentée seulement par l'élément singulier qui la caractérise en propre.

6. LE PROBLÈME DES CATÉGORIES

Les formes *Qu-* sont le plus souvent décrites dans les chapitres sur les pronoms des grammaires françaises, avec l'extension aux déterminants que supposent les formes *quel, lequel*. Il y a dans un certain nombre de cas des incohérences terminologiques (signalées entre autres par Hadermann (1993 : 19) à propos de *où* : adverbe interrogatif, adverbe pronominal, pronom relatif, pronom adverbial, conjonction). Il s'y ajoute des particularités, qui font que par exemple *où* peut référer au temps plutôt qu'au lieu (dans les constructions anaphoriques comme *au moment où*).

On peut admettre les points suivants : *Qu-* signale une variation sur une ensemble de valeurs (notre valeur basique, *tel ou tel*). C'est, dans le contexte d'un nom quelconque, l'interprétation de la forme *quel*. Pour les autres formes, il y a un amalgame morphologique entre ce morphème de variation sur un ensemble et un nom de domaine : personne, chose, quantité, aboutissant aux formes *qui, quoi, combien*. Chacune de ces trois formes est donc un pronom, y compris *combien* :

> Combien ont disparu, dure et triste fortune !
> Dans une mer sans fond, par une nuit sans lune,... (Hugo, *Oceano Nox*)

Pour d'autres, l'association à un domaine s'accompagne de l'intégration fonctionnelle habituelle d'une préposition aboutissant à une valeur adverbiale[4] (l'adverbe étant catégoriellement un syntagme à noyau nominal) : *quand (= à*

---

4. J'ai exposé ce point plus en détail pour *où* et *quand* dans Muller 1996c.

quel moment), où (= à quel endroit). Ainsi, pour *où*, l'interprétation habituelle est celle d'une préposition inessive/allative *à* correspondant à l'interprétation non marquée des adverbes de lieu. Ceci explique que *où* n'est jamais sujet :

*Où je vis est un endroit agréable

Par contre, une fonction objet externe marginale n'est pas exclue pour l'emploi relatif indépendant, avec neutralisation de la marque casuelle locative :

Regarde où tu as mis les pieds, c'est dégoûtant !
(= *regarde l'endroit où…* plus plausible ici que… *à l'endroit où…*)

Il faut de toutes façons neutraliser l'interprétation allative/inessive avec d'autres prépositions :

Je me souviens bien d'où nous sommes partis (= *de l'endroit d'où…*)

Les interprétations adverbiales ont par conséquent une certaine malléabilité, qui invite à y voir la conséquence de la grammaticalisation des proformes sur des domaines où les emplois sont surtout lexicalisés avec des fonctions circonstancielles.

Un autre aspect, celui de la variabilité même du sens du domaine de la proforme, tient à des différences de comportement des mots *Qu-* dans les relations à un antécédent. Alors que *quand* garde sa référence autonome dans ce cas, *où* perd cette référence autonome :

Cette année, quand Paul est venu, il a fait très beau
Cette année, où Paul est venu, il a fait très beau

Ce n'est que dans la seconde de ces phrases que la coréférence est établie avec *cette année* ; dans la première, *quand* inscrit un second repère temporel à l'intérieur du premier. Cette possibilité a conduit *où* à sortir des emplois locatifs, notamment comme substitut de *quand* dans les constructions à antécédent, ou même autrefois à la seule interprétation fonctionnelle *à+Qu-* (Muller 1996c).

7. L'INTERACTION AVEC LES FONCTIONS DE CONJONCTION

Il faut distinguer entre les emplois de supplétion d'une conjonction par un pronom relatif, et inversement, des emplois de conjonctions indépendants. La conjonction de base du français, *que*, qui indique la rection d'un verbe conjugué qui la suit, est issue d'un relatif latin indéfini à valeur de *quoi*, introduisant la subordonnée à la façon d'une cataphore, avec une relation de coréférence globale à cette subordonnée. On peut supposer que ce relatif a été utilisé comme joncteur par ses propriétés propres d'argument doublement déterminé, par la principale dont il était argument (complément du verbe, ou épithète d'un nom dans les complétives à antécédent nominal) aussi bien que par sa fonction de cataphore ; cette position était d'ailleurs celle des mots *Qu-* dans les interrogatives indirectes, avec une structure assez proche. Cette fonction particulière de type pronominal est parfois encore proposée pour *que* complétif (Le Goffic, 1993 : 539, 541). On peut cependant estimer qu'en français actuel, la double détermination des complétives a été réinterprétée autrement : ce n'est pas un « pronom » *que*, par exemple, qui est objet d'un verbe principal de complétive, mais le verbe même de la subordonnée (n'en déplaise aux grammaires scolaires). La double détermination argumentale (typique des pronoms) s'est transformée dans l'emploi de conjonction en une double relation de dépendance : la forme indéfinie, devenue conjonction, est le pivot de la rection d'un verbe conjugué (réinterprété comme doté d'un constituant « temps fini ») par un élément extérieur. Quant à la fonction interne (à l'origine, celle de cataphore), elle s'est peu à peu transformée en une association étroite à la flexion verbale dont la conjonction est l'annonce obligée[5].

Il est intéressant de noter un parallélisme étroit entre la conjonction et les emplois interrogatifs. Comme on l'a vu, dans les questions directes, la forme *Qu-* n'a pas de fonction externe, et il en résulte un emploi énonciativement marqué, l'interrogation. Il en est de même dans les emplois de la conjonction sans recteur :

Qu'il vienne ! / Qu'il s'en aperçoive, et on aura des ennuis

L'absence de fonction externe (donc d'un recteur du verbe) donne à la proposition une interprétation énonciative particulière, celle de la non-assertion (ordre, souhait, hypothèse).

On peut donc estimer que la conjonction *que* relève d'un développement particulier des formes *Qu-*. Ce terme a perdu presque totalement les propriétés pronominales de sa forme d'origine[6] et ne garde de la double détermination que l'évolution qui en fait un pivot entre rection et verbe dépendant. Cela en a fait le représentant morphologique minimum d'une classe assez vaste de « conjonctions » qui associent à *que* un élément recteur particulier : *afin que, pour que, parce que, de sorte que…*

L'autre candidat à la fonction de conjonction (qui est pour moi celle de la tête du constituant complémenteur, C), serait peut-être le *si*, du moins dans ses fonctions d'introducteur d'interrogation indirecte. Malgré ses origines différentes (le paradigme des démonstratifs), ce terme paraît occuper, par rapport aux pronoms interrogatifs, une position similaire à celle de *que* par rapport aux pronoms relatifs. Il ne semble pas non plus qu'il soit possible de trouver dans sa complémentation un infinitif (trait commun avec *que* conjonction) :

*Je me demande si partir

Enfin (si on laisse de côté le phénomène de la reprise immédiate), les propositions ainsi introduites n'ont pas d'existence autonome (elles seraient alors des interrogations totales, construites sans introducteur en français comme on sait).

---

5. Dans les comparatives, *que* peut n'être pas suivi d'un verbe. Il se peut qu'il y ait une forme *que* particulière à cette construction, cf. plus loin et Muller 1996d.

6. Il ne peut entrer dans la position de complément d'un proposition : *à que, et doit être suppléée par un pronom : *à ce que*.

Tout cela fait penser qu'il y a ici aussi une double détermination consistant à mettre en relation le verbe dépendant avec un terme recteur.

La différence essentielle entre le *si* des questions indirectes et le *que* des complétives est que le *si* n'est pas réductible à un rôle d'indicateur de rection du verbe[7]. Son lien avec le verbe, similaire à celui qui associe dans des contextes semblables les pronoms interrogatifs de l'interrogation indirecte partielle, est la focalisation sur la valeur d'une variable qui puisse satisfaire à la relation très particulière des questions, celle de la vérité ou de la fausseté. Simplement, ici, la variation est minimale : concernant la proposition dans son ensemble (c'est le domaine de variation), les seules valeurs sont le vrai et le faux (le couple binaire[8] qui explique les formes *Qu-* de certaines langues comme l'anglais : *whether*, mise en forme de la conjonction disjonctive *either*, ou le latin *utrum*).

8. CLITICISATION ET CUMULS FONCTIONNELS ENTRE CONJONCTIONS ET PRONOMS

Il existe d'autres manifestations du phénomène de perte d'autonomie syntaxique que constitue la cliticisation. Ainsi, *que* est aussi dans les questions directes (ou indirectes devant l'infinitif) un pronom (et non une conjonction : il garde son sens « -humain »[9]), obligatoirement préverbal et non séparable du verbe qui le suit :

Que fait Marie ? / *Que Marie fait-elle ?
Que rapporter de mon voyage / Je me demande que rapporter de mon voyage

Cette forme est à distinguer de celles obtenues par une évolution différente, due à la concurrence dans la construction relative entre la conjonction annonciatrice de la flexion verbale d'un verbe dépendant, et le pronom relatif lié à un antécédent : le relatif perd la représentation substantielle (inutile en cas d'antécédent) et ne garde que le rôle d'indicateur de fonction. L'étude (Kayne 1974) des relatifs du français construits directement et avec antécédents conduit à voir en *qui* et *que* des variantes de la conjonction porteuses d'une opposition fonctionnelle simplifiée, non sujet (*que*), ou sujet (*qui*) sans les caractéristiques de sous-catégorisation du pronom. Ce système se retrouve à

---

7. cf. Muller (1996a : 218-223) et 2001.

8. Il existe un autre emploi, assez restreint il est vrai, de *si* en fonction de conjonction, mais non binaire et avec une indication de degré : le *si* des exclamatives indirectes : *Regarde si c'est beau!* Dans le sens exclamatif, il n'y a pas de question, mais une évaluation quantifiée (= à quel point, comme). Cf. Muller 1996a (234-235). Cet emploi est à rattacher aux adverbes de degré (*il est si beau*), mais il montre l'intrication qui reste visible des deux grands paradigmes désignatifs issus de l'indo-européen.

9. La forme pleine *quoi* est assez restreinte dans ses emplois en forme isolée (pratiquement exclue comme sujet, utilisable surtout avec préposition et concurrencée par *lequel*). Elle a cependant des extensions nombreuses en français parlé (Lefeuvre, 2006, p. 106-116)

l'identique dans les clivées du type « moderne » (Muller, 2002b) limitées à *qui* et *que* :

C'est à Paul que je parle / C'est Paul qui est venu

Cette analyse explique des constructions marginales, comme la suppléance de *que* par *qui* dans deux constructions :

Il m'a appris une science que je trouve *qui* est très particulière...
(A. Delon, parlant de R. Clément, Télé-Cinétoile 7/4/01)
Qui crois-tu *qui* est venu ?

D'autres formes ont parfois été analysées comme des quasi-conjonctions : *dont*, *où* dans ses emplois de substitut de formes en *à*.

Le phénomène du remplacement du relatif par la conjonction existe dans de nombreuses langues (en anglais, *that* a des emplois de relatif sans appartenir au paradigme *Wh-*). Il se constate encore en français dans des relatives du français populaire, où *que* remplace des relatifs complexes, avec ou sans rôle argumental en subordonnée : soit la position argumentale reste vide, soit elle est occupée par un pronom personnel : *la personne que je t'ai parlé / la personne que je t'ai parlé d'elle*.

Ils sont tous arrivés avec quelque chose, il n'y a que nous qu'on n'a rien apporté.
(Damourette & Pichon, § 1322, exemple de 1922)

On trouve parfois la construction avec présence simultanée des deux formes :

La personne à qui que j'ai donné votre lettre... (Bauche 1929 : 103)

9. LE *QUE* DES COMPARATIVES ET DES EXCLAMATIVES

L'examen détaillé des formes *Qu-* du français fait apparaître une autre série pronominale non réductible à la conjonction, celle du *que* comparatif, apparenté à la série des pronoms de type *comme/ combien*. Ces formes alternent aussi avec *que*. L'alternance oppose les formes introduites par un adverbe antécédent avec *que* et la forme isolée *comme*, de sémantisme plus général[10]. Dans les comparatives avec *que*, il pourrait y avoir deux formes en concurrence, la conjonction basique dans les constructions à subordonnée à verbe fléchi, et un *que* cliticisé à valeur de marqueur de degré, qu'on trouve de façon significative devant un infinitif :

Renaud faisait plus que penser (Sandfeld 1977 : 136)
Plutôt que de te plaindre, essaie de nous aider

Le détail de la concurrence des deux formes, un *que* provenant historiquement de *comme*, et la conjonction introduisant une subordonnée à temps

---

10. Sur *comme*, cf. Moline (ce n°), Pierrard & Léard 2004.

fini, n'est pas toujours facile à déterminer (Muller 1996a, 122-132), ou Muller (1996d, 1996e). Il suffit pour cet exposé d'admettre que la forme *que* peut avoir des emplois distincts à la fois de la conjonction et du complément d'objet direct cliticisé des relatives et des interrogatives, permettant la subordination dans la distribution des comparatives[11], avec la particularité de pouvoir précéder un infinitif.

C'est peut-être à cette forme qu'il faut rattacher un emploi particulier en complément de *c'est* :

C'est une belle fleur que la rose !

sur ce modèle probablement (et devant un infinitif) :

Ce n'est pas vous désobliger que de vous dire que ce n'est pas à cette table que je le ferais... (Chirac à A. Sinclair, TF1, 2/4/95).

Le *que* des exclamatives est également la forme cliticisée de *comme/ combien*, avec une valeur énonciative particulière[12] et un antécédent possible en français populaire :

Que c'est beau ! (Ce) qu'il est grand !

10. LES CONSTRUCTIONS À COMPLÉMENT MORPHOLOGIQUE

Les emplois indéfinis ont subsisté en empruntant une seconde détermination plus ou moins figée, permettant aussi de réaliser les séries pronominales appropriées aux environnements à polarité (type *qui que ce soit*) ou « free choice » (type *n'importe qui*), ainsi que des formes plus ou moins grammaticalisées à valeur indéfinie mais spécifiées (type *je ne sais qui*). Cependant, la base morphologique de la construction d'indéfinis variable selon le domaine est une forme marquée minimalement par l'adjonction d'un *que* sur la forme déterminant : *quel + que*, qu'on trouve déjà dans la série d'origine concessive : *quelque N que ce soit* au lieu de la forme ancienne *quel N que ce soit*. Les indéfinis spécifiés (ou pouvant l'être) basiques en sont issus par extension supplémentaire d'un nom de domaine, *un* pour les personnes, *chose, part, fois, uns*[13]... (*quelqu'un, quelque chose, quelque part, quelquefois, quelques-uns*).

Le rôle fonctionnel de l'appendice *que*, issu historiquement des concessives, est de supprimer la nécessité d'une double détermination, rendant utilisable l'indéfini comme argument d'un seul verbe. Les composés avec la double adjonction de ce *que* et du nom de domaine ont les emplois usuels

---

11. Il doit alors avoir une fonction de représentant d'adverbial de degré ou de conformité. Pour Pierrard (ce n°), il faut étendre cette valeur aux consécutives.

12. L'emploi de formes *Qu-* dans l'exclamation serait conforme à la valeur basique d'indétermination de la valeur de la variable dans ces contextes : voir Muller (1996a : 63), Rys, 2006.

13. Le *uns* n'est pas le pluriel de *un* : il désigne une pluralité d'objets, pas nécessairement des personnes. Cf. Schnedecker, 2003.

d'indéfinis spécifiés, qu'ils soient « connus » ou « non connus »[14] (respectivement les exemples qui suivent) :

> Je dois te quitter, quelqu'un m'attend (spécifié connu)
> Quelqu'un a sonné, va voir qui c'est (spécifié non connu)

Le déterminant au singulier de la série, *quelque*, a gardé une forme d'indéfinition qui bloque son utilisation pour les constructions spécifiées :

> ??Quelque étudiant a demandé à vous voir

Ce terme a des restrictions d'emplois aussi bien dans les contextes à polarité que dans les contextes à assertion, restrictions qui tiennent à sa forme particulière d'indéfinition (pour ces particularités, cf. Culioli, 1983). Dans Muller (2007a), je propose l'explication suivante : *quelque* déterminant garde la valeur basique des indéfinis (*tel ou tel*) et cette indétermination sur la valeur d'une variable ne permet pas d'assurer la spécification : ce qui distingue *quelqu'un* de *quelque personne*, c'est que le nom de domaine grammaticalisé (ici, *un*) supprime l'indétermination foncière de la forme *Qu-*. La forme *un* n'est pas significative en soi, puisque *chose* joue le même rôle dans les « non-humains ». La forme libre *quelque personne* n'a pas ces propriétés :

> ??Quelque personne vous attend devant votre bureau (*vs.* Quelqu'un vous attend…)

D'un autre côté, l'indétermination quantitative (*tel ou tel*) sur les valeurs de la variable n'a pas non plus l'extension maximale sur le domaine, caractéristique des emplois à polarité, d'où les contrastes suivants :

> ??Je ne crois pas que quelque étudiant réussisse à cet examen
> Je ne crois pas que quelque étudiant que ce soit réussisse à cet examen

L'adjonction du nom de domaine rend aussi possible cette non-spécification :

> Je doute que quelqu'un vienne (= que qui que ce soit vienne)

Au total donc, les emplois de *quelque* sont assez limités (ils correspondent à une sorte d'indétermination « locale », sans extension à tout le domaine, d'où la nécessité de l'appendice *que ce soit* dans les emplois non spécifiés).

Le pluriel *quelques* n'a pas ces inconvénients : on peut penser que la variabilité inhérente à la forme est transposée, allant de la variabilité qualitative à la variabilité quantitative (Paillard, 2006).

Le classement proposé par Haspelmath (1996 : 260) associe les constructions à extension morphologique aux emplois suivants :

---

14. La différence est la suivante : le « connu » correspond à l'existence d'emplois argumentaux de la même variable pour d'autres propriétés que la prédication actuelle ; ce sont des facteurs pragmatiques, textuels ou contextuels, qui permettent de repérer ces éventuelles autres propriétés. Dans *quelqu'un m'attend*, la spécification par « attend » ne peut être la seule (je peux dire *quelqu'un m'attend* parce que minimalement tel indice ou tel message m'a fait savoir auparavant que *quelqu'un m'attend*, même si l'identité de la personne ne m'est pas à proprement parler connue).

- *quelque* + spécificateur de domaine et pluriel (=*quelqu'un, quelque chose, quel-quefois, quelque part, quelques N*) : spécifique connu, spécifique non connu, *irrealis* (non spécifique), question, conditionnel.

C'est la série par excellence des emplois indéfinis du français. Ces termes (sauf *quelques*) apparaissent aussi facilement dans ce qu'Haspelmath appelle « négation indirecte » (les contextes négatifs hors de la portée immédiate de la négation) avec un sens non spécifié.

- *Qu- que ce soit, quelconque, quiconque* : question, conditionnel, négation indi-recte, négation directe, comparatif, free-choice.

Il s'agit ici des séries qui représentent bien les emplois à polarité, avec des extensions dans le domaine free-choice (cf. Muller, 2007b).

- *N'importe Qu-* : comparatif, free-choice.

Cet ensemble d'indéfinis est par excellence le type free-choice, mais ces termes ont également des emplois de type « négation indirecte », cf. Muller, 2006a.

Les constructions du type *Je ne sais Qu-* sont mentionnées par Haspelmath comme marginales, mais son étude comparative (p. 131) montre que ce type de subordination interne à valeur pronominale est assez répandu.

Les emplois des trois séries dans leurs emplois free-choice sont à différen-cier selon des paramètres complexes formant une grille de contraintes : la spé-cification ou non (et pour la spécification, des traits supplémentaires : domaine réel/irréel ; action unique/ action répétée ; quantité définie dans la répétition ou non) ; la valeur universelle ou existentielle en termes de quantification dans l'irréel ; la possibilité ou non d'emplois à valeur attributive qualifiant un exis-tentiel caché ; enfin la présence ou non d'une échelle de qualité (avec des inter-prétations détrimentales possibles).

CONCLUSION

L'ensemble *Qu-* partage deux propriétés, l'indéfinition dans la sélection des individus d'un ensemble, et la contrainte de double prédication. Cette dernière contrainte explique assez bien le fonctionnement comme connecteurs de certaines de ces formes, avec l'aboutissement extrême par évidement sémantique du contenu pronominal que constitue la conjonction, et le rempla-cement logique dans ce cas de contraintes argumentales par des contraintes de rection. On expliquera de même des emplois mixtes (les relatifs à antécédent, comme *qui* sujet ou *dont*) dans lesquels le contenu substantiel du pronom dis-paraît aussi au profit de la fonction lorsqu'il y a relation anaphorique avec un antécédent.

Les emplois comme pronoms ou déterminants indéfinis ont dû emprunter des extensions morphologiques pour échapper à la double détermination, et se répartissent l'ensemble des fonctions des indéfinis en français, à l'exception remarquable des formes négatives.

L'ensemble des séries réalisées a connu et connaît encore des évolutions dues à la grammaticalisation, évolutions très sensibles dans les séries indéfinies actuelles.

Références

BAUCHE H. (1929), *Le langage populaire*, Paris, Payot.

BEEKES R. (1995), *Comparative Indo-European Linguistics*, Amsterdam, Benjamins.

BENZITOUN C. (2006), *Description morphosyntaxique du mot « quand » en français contemporain*, thèse de l'Université de Provence.

CULIOLI A. (1984), « À propos de *quelque* », S. Fischer & J. Franckel éds, *Linguistique, énonciation : aspects et détermination*, Paris, EHESS, p. 21-29.

DAMOURETTE J. & E. PICHON (1911-1940), *Des mots à la pensée, Essai de grammaire de la langue française*, Paris, D'Artrey.

HADERMANN P. (1993), *Étude morphosyntaxique du mot* où, Bruxelles, Duculot.

HASPELMATH M. (1996), *Indefinite Pronouns*, Oxford University Press.

KAYNE Richard S. (1975), « French Relative *Que* », *Recherches linguistiques*, Vincennes, 2, 40-61 et 3, 27-92.

KUNSTMANN P. (1990), *Le relatif-interrogatif en ancien français*, Genève, Droz.

LEFEUVRE F. (2006), *Quoi de neuf sur* quoi *?*, Presses Universitaires de Rennes.

LE GOFFIC P. (1993), *Grammaire de la phrase française*, Paris, Hachette.

MEIER-BRÜGGER M. (2002), *Indogermanische Sprachwissenschaft*, Berlin, De Gruyter.

MOLINE E. (1996), « Y'a comme un problème : un emploi métalinguistique de *comme* ? », *Champs du signe*, Presses Universitaires du Mirail, Toulouse, 249-277.

MULLER C. (1989), « Sur la syntaxe et la sémantique des relatives indépendantes et des interrogatives indirectes partielles », *Revue Romane*, 24-1, 13-48.

MULLER C. (1992), « Remarques sur la jonction *Qu-* du français dans les interrogatives et les relatives », dans L. Tasmowski-De Ryck et A. Zribi-Hertz, éds. : *De la musique à la linguistique-Hommages à Nicolas Ruwet*, Gand.

MULLER C. (1996a), *La subordination en français*, Paris, Armand Colin.

MULLER C. (1996b), « La conjonction *Que* : rection vs. dépendance immédiate et concurrence avec *que* pronominal », dans C. Muller (éd) : *Dépendance et intégration syntaxiques, subordination, coordination, connexion*, Tübingen, Niemeyer, Linguistische Arbeiten 351, 97-111.

MULLER C. (1996c), « Quand *où* sert de *quand* », *Zeitschrift für französische Sprache und Litteratur*, CVI, 6-21.

MULLER C. (1996d), « À propos de *que* comparatif », *LINX*, 34-35,1996, *Lexique, syntaxe et analyse automatique des textes, Hommage à Jean Dubois*, 241-254.

MULLER C. (1996e), « Économie des marques dans la conjonction comparative du français et dans la construction de la subordonnée comparative », *Travaux du Cerlico, Absence de marques et représentation de l'absence*, Presses Universitaires de Rennes, 9, 31-45.

MULLER C. (1998), « *Que*, la subordination et l'inversion complexe », Ruffino ed. : *Atti del XXI Congresso Internazionale di Linguistica e Filologia Romanza*, vol.2 *Morfologia e sintassi delle lingue romanze*, Tübingen, Niemeyer, 631-643.

MULLER C. (2001), « Sémantique de la subordination : l'interrogation indirecte », Rousseau éd., *La Sémantique des relations*, Université de Lille3, collection Travaux et recherches, Villeneuve d'Ascq, 163-177.

MULLER C. (2002a), « Prépositions et subordination en français », Actes du Colloque Prép An 2000, Tel-Aviv, *Scolia*, 15, 87-106.

MULLER C. (2002b), « Clivées, coréférence et grammaticalisation », Kleiber & Le Querler éds : *Traits d'union*, Presses Universitaires de Caen, 17-32

MULLER C. (2004), « À propos de pc z. », Leclère, Laporte, Piot & Silberztein éds : *Lexique, Syntaxe et Lexique-Grammaire. Papers in honour of Maurice Gross*. Lingvisticae Investigationes Supplementa 24, Benjamins, Amsterdam, 439-453.

MULLER C. (2006a), « Polarité négative et *free choice* dans les indéfinis de type *que ce soit* et *n'importe* » *Langages*, 162, 7-31.

MULLER C. (2006b), « Sur les propriétés des relatives », *Cahiers de grammaire*, 30, 319-337.

MULLER C. (2007a), « *Quelque*, déterminant singulier », *Cahiers de lexicologie*, 90, à paraître.

MULLER C. (2007b), « Les indéfinis *free choice* confrontés aux explications scalaires », *Travaux de Linguistique*, 54, 83-96.

PAILLARD D. (2006), « *Quelque* N / *quelques* N », Corblin, Ferrando, Kupferman éds, *Indéfini et prédication*, Presses de l'Université Paris-Sorbonne, 417-428.

PIERRARD M. & LÉARD J.-M. (2004), « *Comme* : comparaison et haut degré », *Travaux linguistiques du Cerlico*, 17, Presses Universitaires de Rennes, 269-286.

RYS K. (2006), « L'exclamation : assertion non stabilisée ? Le cas des mots en *qu-* », *Revue Romane*, 41-2, 216-238.

SCHNEDECKER C. (2003), « *Quelques-uns* partitif : approche sémantico-référentielle », *BSL*, XCVIII-1, 197-227.

TOGEBY K. (1982), *Grammaire française, volume 1 : Le Nom*, Copenhague, Akademisk Forlag.

José Deulofeu
Université d'Aix-Marseille / DELIC

Quel statut pour l'élément *QUE* en français contemporain ?

I. PROBLÈMES D'ANALYSE POSÉS PAR CERTAINS EMPLOIS DE *QUE*

Cet article aborde quelques problèmes de description et de théorie linguistique en vue de l'étude de la forme *que* en français contemporain. Cette étude est essentielle pour la bonne compréhension de l'ensemble du système des mots qu- en français, notamment en raison du statut très particulier de *que* dans ce système. Par la forme, il se rapproche de l'ensemble des autres mots qu-, mais par son fonctionnement il semble s'en distinguer puisqu'il recouvre, en fonction des cadres syntaxiques, à la fois des propriétés de conjonction et de pronom interrogatif indéfini, constituant ainsi un point d'observation privilégié pour l'étude des rapports complexes entre ces deux catégories. Distinctes en synchronie, elles sont souvent mises en rapport en diachronie et semblent, dans certains emplois, entretenir encore des liens forts. En témoigne le fait que le double fonctionnement de conjonction et de proforme n'est pas réservé à *que*, mais touche aussi au moins les formes *quand* (Benzitoun 2007), et *comme*. L'opportunité de cette étude tient en outre à la fois à un renouvellement des données prises en compte par rapport à celles sur lesquelles reposent des études récentes, comportant des propositions d'analyse nouvelles, notamment Le Goffic (1993), Moline (1995), Muller (1996), Boone (1996) et à la discussion de ces analyses dans le cadre théorique de l'Approche Pronominale par Deulofeu (1999a et b), faisant suite à Deulofeu (1988). Pour ce qui concerne les données, c'est évidemment la prise en compte de celles qu'offrent les transcriptions de français parlé spontané qui est le fait marquant.

I.I. Données et analyses

Comme on commence à le reconnaître depuis les études fondatrices de Biber pour l'anglais, dont les principaux résultats sont présentés dans Biber *et alii* (1999), les généralisations descriptives varient notablement en fonction des « genres » dont relèvent les corpus analysés. Le contraste est particulièrement net entre les corpus écrits élaborés dont les locuteurs respectent consciemment ou par habitude un formatage normatif et les corpus d'oral spontané, où les locuteurs construisent leurs énoncés « on line » (Iwasaki Ono 2002) ou dans l'improvisation de « l'interaction » (Mondada 2001).

Prenons l'exemple des emplois que l'on peut considérer *a priori* comme « conjonctionnels » de *que*. Dans ce domaine, il paraît exclu de rencontrer dans un « genre » standard des énoncés où *que* fonctionne comme dans (1) et (2), tirés de corpus d'oral de conversation :

> 1. j'ai été réfugié tout et je suis allé à Pelissanne et remarque de Pélissanne nous sommes allés à Riez et de Riez nous sommes venus à Miramas et que depuis que nous sommes à Miramas je crois que là vraiment nous sommes dans un endroit que ça va bien (Arquier, 1, 11)
> 2. maintenant avec tout ce qu'il y a en ce moment là par rapport à la crise par rapport à tout ce que la télé ils nous font croire et que il y en a beaucoup qui voient la télé qui lisent pas beaucoup on a beaucoup plus de travail à faire (Navale, 84, 1)

Le rattachement syntaxique des constructions introduites par *que* (désormais « que-construction ») ne peut évidemment se faire dans le cadre des règles établies à partir des corpus de langue standard. Dans ces derniers corpus, *que* introduisant une construction verbale « tensée » apparaît comme un « subordonnant par excellence » supposant la présence d'une catégorie rectrice. On ne voit pas quelle catégorie pourrait jouer ce rôle dans l'énoncé (1). La première *que*-construction y apparaît au contraire comme coordonnée à un ensemble de « principales » dans un cas classique de séquence narrative. Une telle construction n'est pas inconnue des grammairiens et avait été relevée comme non standard. Ainsi Batany commentant Thérive (Dupré [1972 : article *que*] mentionne un emploi, qui, bien qu'attesté, selon lui, dans la « langue populaire », lui apparaît hors système : il s'agit du *que* en emploi absolu ou coordonné, devant une construction qui n'est régie par aucun terme :

> 3. pour lors que vous avez renversé cette dame et que vous auriez dû me prévenir

Thérive parle de « gasconisme » à propos de cette construction.

Dans l'énoncé (2), la situation est à première vue différente. Plusieurs analyses, où le statut de subordonnant de *que* n'est pas remis en cause, sont *a priori* possibles, mais aucune ne relève de constructions standard. Par exemple, on peut considérer que la que-construction est coordonnée à l'ajout introduit par *avec* antéposé à la construction verbale principale, ou encore qu'elle est coordonnée aux éléments régis par le relateur *par rapport à*. Ces solutions sont plausibles sur le plan sémantique, mais supposent que l'on aménage la liste des constructions syntaxiques standard du français : dans le premier cas, il faudrait étendre la possibilité qu'ont les constructions phrastiques de fonctionner comme ajout antéposé coordonné à un autre ajout phrastique comme dans :

> 4. comme c'est la crise et qu'on ne fait rien la situation va s'aggraver

à la coordination avec des ajouts non phrastiques (*avec SN*). Dans le deuxième cas, on pourrait invoquer aussi une solution par « zeugma » non standard en proposant que dans certains usages *par rapport à* puisse introduire des que-constructions. Mais on pourrait aussi proposer une analyse où *que* n'introduit pas une construction régie, en suggérant que la que-construction fonctionne comme une parenthèse introduite par *et*, forme que l'on pourrait construire en partant de l'énoncé attesté (5) :

> 5. je vendrais ma tournée moi + que j'ai une très très bonne tournée un joli travail + que le gars qui qui prendrait tu sais il est pas obligé de travailler (Dec, 2,39)

et en ajoutant un *et* sur le modèle de la parenthèse suivante :

> 6. à cette époque-là je travaillais – et c'était pas une sinécure – je travaillais au plan de Ville (Gal.)

Pour choisir entre ces analyses, toutes plausibles *a priori*, il faudrait évidemment des données plus nombreuses que ces quelques échantillons, qui ne font qu'étendre le petit ensemble d'emplois non standard sur lesquels raisonnent les linguistes dans ce domaine. Il est bien évident que cette base empirique est insuffisante pour argumenter une solution de façon convaincante. Les exemples de départ ne peuvent être augmentés par les données de l'intuition, puisque les linguistes sont sur ce point limités par le poids de leur pratique normative. On ne peut pas non plus recourir à des données authentiques, compte tenu de la taille insuffisante des corpus de langue spontanée dont on dispose pour le domaine français.

On pourrait alors envisager d'adopter la solution proposée par Thérive, en considérant avec lui que nos exemples, attestés seulement dans des usages limités à la fois géographiquement (locuteurs du midi de la France) et socialement (locuteurs peu scolarisés) sont interprétables en termes d'interférence linguistique et donc ne relèvent pas du système de la langue française proprement dite. Une telle décision n'est pas défendable. D'une part parce que l'on peut fournir des attestations de tels exemples provenant de locuteurs scolarisés, par exemple une jeune enseignante :

> 7. oui puis tu tu sens tu t'intéresses à des il te pose des problèmes donc de suite tu leur apprends quelque chose que le cours bon ben le mec il le regarde avec des billes comme ça ou que ils rigolent dans leur coin (Benelli, 145)

ou encore un Maire à l'accent alsacien en situation d'interview répondant à une journaliste qui s'étonnait que les enfants des écoles aillent au restaurant au lieu de la républicaine cantine :

> 8. nous sommes une petite commune isolée – la population diminue – et que nous cherchons à garder la population (alsacien, TF1, 15/9/97)

Au vu de ces nouveaux exemples, on pourrait faire l'hypothèse que l'apparition de ces usages non standard est plutôt liée à une variable de style (spontané *vs* élaboré), qu'à des variables socio-géographiques. Ce qui veut dire que ces emplois seraient prévus par le système du français dans son ensemble et donc devraient être légitiment étudiés au même rang que les emplois normatifs recensés par les grammaires de référence, même si leurs occurrences se rencontrent essentiellement dans le style de la conversation. C'est donc en tenant compte de telles données que je voudrais traiter deux questions concernant le morphosyntaxe de *que* :

- Un premier problème concerne la catégorisation de la forme *que*. Étant entendu que la forme *que* recouvre deux morphèmes : une conjonction et une proforme, comment se répartissent ces deux emplois dans les divers cadres syntaxiques où fonctionne la forme ?

- L'autre question relève d'une problématique plus récente qui attire de plus en plus l'attention des chercheurs et concerne aussi bien les emplois conjonctionnels que pronominaux : il s'agit de la polyfonctionnalité des catégories grammaticales, qui en fait à la fois des éléments constitutifs de constructions grammaticales hautement codifiées et des outils incontournables dans l'organisation du discours spontané (Iwasaki et Ono 2002, Thompson 2002), Vesrtraete (2007). On peut alors se demander si une partie de la solution aux problèmes posés par l'analyse syntaxique d'énoncés tels que (1) et (2) n'est pas liée à la reconnaissance d'une telle polyfonctionnalité pour *que*.

Compte tenu des limitations empiriques mentionnées plus haut, les résultats et analyses que je proposerai doivent être compris comme des hypothèses de travail à vérifier sur des données plus étendues et plus systématiquement organisées. L'étude qui suit va, de fait, s'appuyer sur deux types de données également problématiques. J'utiliserai d'abord, comme dans les autres travaux cités et notamment dans Deulofeu (1999 a et b), des exemples de provenance diverses : pris au vol dans des observations participantes ou extraits de transcriptions de français parlé. Le problème méthodologique qu'ils posent est qu'on ne peut se prononcer ni sur leur représentativité, ni sur leur productivité. Or cette question a des conséquences sur l'analyse : on traite sur le même plan des exemples qui illustrent des constructions syntaxiques productives et d'autres qui relèvent plutôt d'expressions formulaires, lexicalement contraintes. Pour pallier ce défaut du corpus « tout venant », je me référerai en outre à Deulofeu et Véronis (2002) où l'on a mesuré la productivité de l'ensemble des que-constructions relevées dans un corpus fermé, constitué d'un ensemble de transcriptions. Je m'intéresserai aux emplois de *que* dans des constructions déclaratives, étant entendu que la forme *que* dans les interrogatives est analysée comme une proforme clitique objet.

1.2. Critique des analyses classiques des *que* non standard

Je limiterai la discussion qui va suivre à trois types d'emplois déjà examinés dans des études précédentes et présentés provisoirement dans des rubriques héritées de la tradition. Je fais l'hypothèse que la démarche suivie pour les traiter peut être étendue à l'ensemble des emplois de *que* « conjonctif ».

a) que-construction « circonstant universel » :

que suffit à introduire une subordonnée circonstancielle exprimant des rapports sémantiques variés, là où la norme actuelle exigerait le relais d'un connecteur (*pour, de telle manière que, puisque, alors que*) :

- manière-degré

> 9. c'est laid que ça en peut plus (Oral, 1981)

- temps :

> 10. il est parti qu'il y avait quarante deux ans qu'il était chez moi (Cigalou, 12)
> 11. Tatie je me rappelle quand elle sortait des moutons des fois ils mangeaient que c'était minuit (Az, 9,14)
> 12. j'arrive en haut du poste que c'est à peine jour (All, 16,11)
> 13. le dimanche quand elle l'a invité elle l'a invité pour que je me rencontre avec lui parce que moi j'avais vu son petit qu'il avait deux ans et demi et j'ai revu son fils qu'il a 22 ans (Rossi, bande)

- circonstances diverses

> 14. mon mari je l'ai connu qu'on allait au bal (op, f, 60 ans)
> 15. j'ai pris l'appartement que c'était cultivé et j'ai continué à le faire (Giudic. 6,12)

Dans ces exemples, le contenu de la que-construction contribue à l'élaboration de la situation exprimée par le verbe et fonctionne donc comme un modifieur sémantique de la construction verbale. Ce que l'on peut vérifier par l'équivalence avec un interrogatif :

> 16. À quel point c'est laid ?
> 17. Comment tu as pris l'appartement ?
> 18. Quand est-ce que tu es arrivé au poste ?

Ces cas sont en outre caractérisés par le fait que les deux constructions forment une seule énonciation affectée d'une modalité d'énoncé assertive. L'énoncé est interprété comme une seule proposition assertant une relation entre deux faits.

b) Dans les exemples suivants, on peut au contraire considérer que l'énoncé est composé de deux énonciations ou actes de langage autonomes, chacun caractérisé par ses propres modalités d'énoncé, qui sont articulés par *que*. Le contenu propositionnel de la que-construction entretient diverses relations discursives ou « rhétoriques » avec celui de l'autre construction. Aucune équivalence avec un interrogatif n'est possible pour la que-construction.

- justification

> 19. mon oncle a même failli tirer sur une feuille qu'il croyait que c'était un gibier (Bu. 4,10)

- commentaire, conclusion

> 20. ça nous a fait des frais que là les sous ils sont encore partis (Ni. 4, 36)

- opposition

> 21. il a été habiter à côté de chez Rosalie que Rosalie elle savait pas (Kneip, 4, 11)
> 22. ils travaillent maintenant avec des machines que avant c'était tout fait à la main ça eh (Ri, 24,6)

c) *que* introduit une principale, éventuellement juxtaposée ou coordonnée.

d) **C 1.** On citera d'abord le cas classique et normatif de la « subordination inversée » : la proposition introduite par *que* est « ressentie » comme une principale, alors que la principale par la forme est ressentie comme subordonnée.

23. il me le demanderait à genoux que je ne cèderais pas (Thérive)

24. je n'avais pas fait vingt pas que la pluie se met à tomber (Batany, *in* Dupré [72])

Ces cas sont attestés en français de conversation :

25. et la race humaine sera éteinte que du poisson il y en aura encore (Nony, 18,16)

e) **C 2.** C'est aussi dans cette rubrique que je propose de classer les emplois figurant dans l'introduction, que je rappelle ici (il s'agit des *que* en gras) :

26. j'ai été réfugié tout et je suis allé à Pelissanne et remarque de Pélissanne nous sommes allés à Riez et de Riez nous sommes venus à Miramas **et que** depuis que nous sommes à Miramas je crois que là vraiment nous sommes dans un endroit que ça va bien (Arquier, 1,11)

27. maintenant avec tout ce qu'il y a en ce moment là par rapport à la crise par rapport à tout ce que la télé ils nous font croire **et que** il y en a beaucoup qui voient la télé qui lisent pas beaucoup on a beaucoup plus de travail à faire (Navale, 84,1)

Du point de vue de l'analyse traditionnelle, les difficultés soulevées par ces exemples peuvent se résumer ainsi :

– le premier problème est celui d'une « conjonction de subordination », qui peut, néanmoins introduire des principales juxtaposées ou coordonnées.

– le second est moins simple à formuler. Dans les cas où *que* semble indiscutablement introduire une subordonnée circonstancielle, par exemple :

28. j'ai pris l'appartement que c'était cultivé et j'ai continué à le faire (Gar, 1, 11)

on peut s'étonner qu'il puisse introduire à lui tout seul un complément circonstanciel de verbe. On s'attendrait, comme pour les groupes nominaux, à voir le lien de dépendance s'exprimer par une préposition ou tout autre élément de relation. La conjonction *que* est en effet un élément qui permet à une construction verbale d'entrer dans la rection d'un verbe, mais qu'on la conçoive comme un « complémentizeur » ou un « translateur » à la manière de Tesnière, ou encore comme un marqueur modal, à la suite de A. Boone (1996), elle n'exprime ni ne marque ce lien de rection lui-même. Il faut donc expliquer pourquoi les subordonnées en *que* peuvent être construites directement comme circonstants d'un verbe. C'est le problème du circonstant sans marque de dépendance. De plus, certaines de ces « circonstancielles » (par exemple celles en B) ne présentent de fait aucune des propriétés syntaxiques des circonstancielles prototypiques introduites par un relateur : elles ne sont pas antéposables, ne répondent à aucune question et ne sont pas dans le champ des opérateurs modaux du verbe précédent (Deulofeu 1988).

1.3. Examen de préjugés contenus dans ces analyses

En fait, les problèmes naissent d'une problématisation insuffisante de l'interface entre morphologie et syntaxe qui conduit à la fois à traiter tous ces exemples comme des emplois de « conjonctions de subordination » et à limiter à une seule relation, la subordination, les possibilités de mise en relation syntaxique de la que-construction avec le contexte. Afin d'expliciter l'interface morphologie-syntaxe et d'échapper à ces simplifications, j'avais proposé dans Deulofeu (1999b) de distinguer trois types de questions distinctes posées par l'analyse syntaxique d'énoncés articulés par *que* et qu'il s'agissait de traiter pour elles-mêmes, sans préjuger des liens qu'il pourrait y avoir entre elles.

– la détermination de la catégorie morphologique du morphème *que* :

Nous avons jusqu'ici adopté sans discussion la position traditionnelle qui voit dans ces que-constructions des exemples précédents des « conjonctives », mais l'absence d'un antécédent potentiel ne doit pas écarter sans argumentation une analyse en relative sans tête, comme celle que propose Le Goffic (1993). Dans nos exemples, il est donc légitime de se demander si le morphème introducteur *que* est de type conjonction ou relatif.

– la détermination de la syntaxe interne de la que-construction :

S'agit-il de constructions verbales ordinaires simplement marquées par un *que* qui leur est extérieur ? S'agit-il au contraire de constructions où *que* occupe une place syntaxique distinguée par des propriétés particulières, résumées en grammaire générative par l'idée que la position concernée aurait été l'objet d'un « mouvement » par rapport à une position canonique ou assignées dans le modèle « item et arrangement » de la grammaire des constructions à un type particulier de construction : « filler-gap » (cf. Fodor 1983) ?

– la détermination de la syntaxe externe de la que-construction :

Quelle est la relation syntaxique qui unit l'ensemble du constituant introduit par *que* au contexte ?

Dans une perspective descriptive, ces trois types d'études doivent être menées indépendamment et faire l'objet chacune de justifications distinctes. Au contraire, les études classiques reposent sur l'idée qu'il y a un lien entre ces domaines. Le présupposé non explicité est qu'il doit y avoir une régularité dans l'interface entre les composantes morphologique et syntaxique de la description. Ainsi, pour la syntaxe externe, les relations syntaxiques devraient être marquées par des classes spécifiques de morphèmes. Par exemple, une relation de rection entre deux constructions verbales devrait être marquée par la présence sur la régie d'une catégorie particulière : les conjonctions de subordination. De sorte que la présence d'une telle conjonction garantirait celle d'une relation de rection. Il en irait de même avec les pronoms relatifs qui introduiraient nécessairement des constructions régies par des noms.

De même, en syntaxe interne, une construction dont une place est relativisée devrait l'être par un pronom relatif et, corrélativement, la présence d'un pronom relatif supposerait une opération de relativisation, alors qu'une conjonction ne pourrait introduire qu'une construction sans opération particulière.

On peut résumer les liens posés à priori par l'approche traditionnelle par le tableau suivant, qui met bien en lumière le lien biunivoque entre marquage morphologique et relations syntaxiques :

Tableau 1 : Relations syntaxe morphologie dans le modèle de la régularité de l'interface

	syntaxe interne		syntaxe externe qu- construction	
	place distinguée	c.v. ordinaire	rection (subordination)	absence de rection (parataxe)
proforme qu-	+	–	+	–
conjonction	–	+	+	–

En fait les recherches empiriques prenant en compte des données diversifiées ont montré que ces présupposés relevaient plus de la volonté d'établir une norme que de rendre compte des régularités descriptives. Toute une série d'études ont montré avec de solides arguments que composante morphologique et composante syntaxique étaient autonomes, de sorte qu'un même morphème pouvait indiquer des relations de subordination-rection comme des relations de parataxe : ainsi Debaisieux (2007), pour *parce que, puisque* et *bien que* en français, Goethals (2002) pour *porque* en espagnol, et Verstraete (2005) sur les emplois « coordinatifs » de *because* et *although*. Pour le cas qui nous intéresse, c'est-à-dire celui des catégories dont peut relever la forme *que* (les conjonctions de subordination et les relatifs), on peut conclure de diverses études (Deulofeu (1999b), Moline (1994), Benzitoun (2007) et ici-même), que ces deux catégories peuvent se rencontrer dans les mêmes types de constructions, que ce soit en syntaxe interne ou en syntaxe externe. On peut résumer cette situation dans les tableaux suivants :

Tableau 2 : Relations syntaxe et morphologie d'après les régularités descriptives attestées

catégorie	syntaxe interne (que-construction)	syntaxe externe	
	Rection (subordination)	Absence de rection (parataxe)	
pronom qu-	Place distinguée	Relative déterminative ou « sans tête »	Relative continuative
	CV déclarative « ordinaire »	?	Relative continuative
conjonction	Place distinguée	Relative déterminative (sur position objet)	Relative continuative
	CV déclarative ordinaire	Relative « phrasoïde », « Complétives » Ajouts verbaux de type A	Pseudo « subordonnées » Types B et C

Les cas attestés supplémentaires, dans le tableau 2 par rapport au tableau 1, sont ignorés ou traités de façon *ad hoc* par les approches classiques pour maintenir le principe de la régularité de l'interface. On parle ainsi pour le cas B et C d'emploi coordonnant des subordonnants, dans la tradition comme plus récemment chez Verstraete (2005, 2007), ou encore de « subordination inversée ». Ces contradictions dans les termes, y compris dans des études récentes, révèlent que l'on ne veut pas renoncer facilement à l'axiome de la régularité de l'interface : parler de coordination lorsqu'on ne peut établir de relation de rection, c'est encore chercher à définir une relation syntaxique par la présence d'un morphème : le coordonnant, alors que ce type de morphème peut fonctionner, lui aussi, à la fois dans le domaine de la rection et dans celui de la parataxe, comme connecteur textuel ou discursif.

2. LES SOLUTIONS PROPOSÉES AUX PARADOXES LÉGUÉS PAR L'ANALYSE TRADITIONNELLE

Ce cadre élargi nous permet d'imaginer plusieurs solutions pour traiter les emplois non standard de *que*, selon que l'on maintient ou rejette l'axiome de la régularité de l'interface.

Ainsi, Le Goffic (1993) remet en cause le statut « morphologique » de *que* dans ce type d'emploi – il ne s'agirait pas d'une conjonction, mais d'un adverbe relatif indéfini – tout en maintenant l'analyse par relation unique de circonstant pour ce qui est de la syntaxe externe de la que-construction.

Moline (1995) remet en cause à la fois l'analyse morphologique de *que* et l'analyse par relation syntaxique unique (*que* est analysé comme un relatif qui peut marquer un lien de subordination aussi bien que de parataxe). Deulofeu (1988, 1999a et b) analyse *que* comme conjonction dans tous les cas, mais en étend les possibilités en syntaxe externe : *que* fonctionnerait à la fois comme marqueur de dépendance grammaticale et de relation discursive entre énonciations, soit, en termes classiques, de parataxe.

Dans Deulofeu (1999b), j'examine de façon critique ces propositions et je conclus de façon nuancée. Si certains faits peuvent laisser entendre qu'il existe des emplois de *que* relatif indéfini en dehors des formes interrogatives, cette analyse ne peut être généralisée et il reste donc nécessaire d'étendre au-delà de la rection les relations syntaxiques impliquant les que-constructions. En m'appuyant sur les résultats des discussions de Deulofeu (1999b), qui propose que cette extension concerne la composante macrosyntaxique de la description (Blanche-Benveniste *et alii* 1990, Chap. 4), c'est-à-dire celle qui élabore notamment les divers cas de « parataxe », et sur les travaux récents cités plus haut, je montrerai ici :

que l'on peut renoncer complètement à l'analyse de *que* en relatif sans tête, et plus généralement à poser qu'il existe en français des circonstants ou ajouts verbaux librement construits introduits par *que*. Les seules que-constructions régies par un verbe sont donc des « compléments » appartenant à la valence d'une sous-classe de verbes et non des ajouts.

- que l'extension des relations au-delà de la rection, nécessaire pour traiter nos énoncés problématiques, doit se faire dans deux directions au sein de la composante macrosyntaxique : celle des regroupemements macrosyntaxiques interprétables en termes de schémas discursifs (discourse patterns), pour le cas B et C2 et celle des procédés de construction « online » des énoncés pour le cas A.

- que le jeu combiné des relations microsyntaxiques et macrosyntaxiques peut aboutir à la constitution de « constructions spécifiques », associations idiosyncrasiques de formes et de significations, solution qu'on appliquera au cas C1.

2.1. Une solution purement morphologique

2.1.1. Principes de la solution de Le Goffic (1993)

Le Goffic propose de renoncer à l'analyse en conjonction pour les emplois A, B et C et d'y analyser *que* comme un relatif-indéfini. Un des fonctionnements syntaxiques possibles de ce type de morphèmes consiste, en effet, à entrer dans la composition de constructions « intégratives » adverbiales (des relatives « sans tête » ou « sans antécédent », selon les terminologies les plus courantes), sur le modèle de : *il est parti (quand il l'a voulu + où il a voulu).* Le *que* des exemples A, B, C sera donc analysé comme un adverbe relatif-indéfini (comme *quand, où...).* Les que-Phrases de ces mêmes exemples sont analysées comme des relatives sans tête. Du point de vue de la syntaxe externe, il suffit alors de poser une seule relation : ces intégratives sont tout simplement, et dans tous les cas, des « compléments accessoires du verbe principal », soit, dans nos termes, des ajouts régis. La solution est séduisante, car elle permet de sauvegarder la régularité de l'interface ; le problème des conjonctives sans connecteur est résolu très simplement : les relatives sans tête, au contraire des conjonctives, se construisent directement, comme les adverbes, avec les verbes qui les régissent.

2.1.2. Difficultés soulevées par la solution

Deulofeu (1999a) montre que :
1. du point de vue du statut catégoriel, ce type de *que* ne partage aucune des propriétés des éléments interrogatifs relatifs, et notamment du *que* interrogatif (pp. 171-173) ;
2. du point de vue de la syntaxe interne, les que-constructions en question ne présentent pas de propriétés qui pourraient les faire analyser comme des constructions à place distinguée, ce qui est le cas de toutes les autres relatives sans tête. (pp. 174-177).

Je développe ici ce dernier point. Si certaines de ces constructions, le type A, présentent, dans les exemples attestés, une forme canonique de construction verbale, ce n'est pas le cas des exemples B et C. On remarque en effet que dans ces cas :

f) *que* peut ne pas introduire une construction verbale

29. mais il m'a pas foutu dehors moi Bellier qu'à elle oui (A.L.14,28)
30. et lui ben il a toujours cherché à me rendre service que elle jamais (oral, 1981)

g) *que* introduit bien une construction verbale, mais certaines caractéristiques la rendent impossible à analyser comme une relative sans tête. On rencontre un subjonctif à valeur injonctive :

31. elle me disait de prier et de me recommander au bon Dieu que là où ils sont qu'ils retournent (Rossi, bande)

une forme interrogative partielle :

32. non je veux dire on a une affection pour l'endroit + que ça fait combien de temps que vous être là Monsieur M (Tomeï, 10,4)

h) *que* peut aussi introduire des constructions verbales coordonnées par *et* sans qu'il y ait réitération de *que* :

33. mais le sens c'est comme la violette que il y en a des blanches et puis il y en a des roses (OC.)
34. et le quinze Août ça a été le Débarquement mais le Débarquement tous les jeunes se sont fait tuer pour nous défendre combien de morts il y a eu + que je suis resté enfermée dans une cave pendant dix à quinze jours et les gens à côté m'ont pas donné un verre d'eau (Marseille, femme 50 ans)

ce qui n'est pas possible pour les relatives sans tête (37, 39) :

36. je pars quand ça me plait et où je trouve de la place
37. *je pars quand ça me plaît et je trouve de la place
38. je pars où on me reçoit bien et où il fait beau
39. *je pars où on me reçoit bien et il fait beau

Il peut aussi introduire un ensemble constitué de constructions en parataxe ou coordonnées, comportant éventuellement des incises et du discours direct. Dans les exemples suivants, les crochets marquent les limites du groupe introduit par *que* :

40. (maintenant, un ouvrier) il va payer une assurance sur son petit salaire + que [là à l'usine on nous l'enlevait c'était fini mais le patron il en payait déjà un peu il en payait la moitié là-dessus] (Richaud, 21,5)
41. on se voyait que [maintenant à Saumaty euh il y des matins moi il y a des collègues que tant + je descends pour ainsi dire toutes les nuits + eh bien tant de trois ou quatre jours je les vois pas alors d'un coup oh Jo comment ça va+ et euh] que [l'autre entrée automatiquement c'était petit on se voyait tous les matins]

On ne voit pas, dans de tels exemples de quel verbe les divers *que* pourraient être compléments. Ni quel type de complément ils pourraient représenter. Ces exemples ne peuvent donc pas être analysés comme des cas de relatives sans tête. On remarque en particulier que *que* ne sous-catégorise pas une construction déclarative standard. Il peut introduire des séquences qui relèvent plus d'une analyse en terme de paragraphe ou d'unité textuelle que d'un ensemble grammaticalement contraint de catégories grammaticales.

3. Des considérations de syntaxe externe confirment que la que-construction ne se comporte pas comme les relatives sans tête canoniques.

• détachement à gauche impossible

Les relatives sans tête adverbiales ont pour l'ensemble un fonctionnement diversifié. On les trouve par exemple en position antéposée détachée :

42. où j'habite il fait beau
43. quand je viens il fait beau

avec éventuellement une reprise pronominale :

44. quand tu viens j'aime ça
45. comment il a fait je m'en souviens plus
46. Pourquoi il a fait ça je peux pas l'approuver

Ce n'est pas le cas pour les *que-constructions*, limitées à la zone après verbe :

47. la vie s'achève qu'on a pas terminé son ouvrage
48. *qu'on a pas terminé son ouvrage la vie s'achève
49. je m'en vais qu'il va faire nuit
50. *qu'il va faire nuit je m'en vais
51. ?qu'on a été éliminés c'est rare
52. ?qu'on a été éliminés tu l'as jamais connu toi

Ces deux derniers exemples ne peuvent, en tout cas, pas être interprétés comme : « les circonstances dans lesquelles on a été éliminés… »

• *que* n'est pas nécessairement subordonné à un verbe

Dans des exemples comme :

53. oh ! que je vous avais pas vu
54. heureusement ! que ça commençait à bien faire
55. **L1** on était à l'épicerie l'épicerie qu'on a achetée pour ma belle mère et qu'on a repris **L2** ah d'accord **L1** pardi qu'on a continué avec des dettes que toutes toutes tous les jours je recevais une facture nouvelle (Az, 2,4)
56. et encore ! que Tatie elle avait une ferme qui avait un puits qui était toujours alimenté (Az, 3,4.)
57. un verre d'eau s'il vous plaît que j'ai beaucoup soif

La construction ne dépend pas d'un verbe et sa relation au contexte est hors syntaxe grammaticale. Je ne vois pas de relative sans tête qui pourrait fonctionner ainsi.

• *que* est combinable avec le coordonnant *et*

Les corpus nous offrent des exemples de *que* combiné avec *et*, cf. (1) et (2) repris ici :

58. j'ai été réfugié tout et je suis allé à Pelissanne et remarque de Pélissanne nous sommes allés à Riez et de Riez nous sommes venus à Miramas et que depuis que nous sommes à Miramas je crois que là vraiment nous sommes dans un endroit que ça va bien (Arquier, 1,11)

59. et ils les ont mis dans le camion et ils sont partis et moi je suis resté et quand je suis sorti je suis resté bête que j'ai dit merde ils sont partis qu'est-ce que c'est et voilà comment je m'en suis sorti *et que* si j'avais été dans le camion je serais plus de ce monde voilà (Béziade, 13,12)

Dans ce cas, évidemment, l'analyse de Le Goffic en « intégrative complément non essentiel » ne peut plus se justifier : la que-Phrase n'a pas seulement la valeur, mais bien le statut d'une coordonnée et non d'une subordonnée. Aucune intégrative ne peut être coordonnée par *et* avec le verbe dont elle dépend.

Enfin, si l'on analyse, par une seule relation syntaxique, celle de « complément non essentiel », le lien entre les deux constructions, on se rend compte que cela revient à donner la même analyse syntaxique à des segments manifestant pourtant des propriétés formelles très différentes. Pour certains d'entre eux, rassemblés en A :

60. il danse que il en peut plus
61. la vie s'achève que l'on a pas terminé son ouvrage

on pourrait sans doute mentionner quelques propriétés pour soutenir une analyse en « circonstant » régi, par exemple, les commutations : *il danse ainsi, il danse comment. la vie s'achève ainsi / comment ?*

Pour d'autres (B et C), au contraire, de telles équivalences sont impossibles et le seul argument que l'on pourrait invoquer pour analyser la que-Phrase comme dépendante d'un verbe est la présence de *que*. Mais les exemples (53) à (57) montrent la circularité de cet argument, puisque le *que* apparaît sans aucune catégorie rectrice, à fortiori sans verbe.

2.2. Une solution morphologique et syntaxique

Ce qu'a montré la discussion précédente, c'est en fait que l'analyse en proforme de *que* n'est impossible que si l'on respecte la régularité de l'interface, c'est-à-dire si l'on considère que les proformes n'apparaissent que dans des constructions à place distinguée.

2.2.1. L'analyse de Moline (1995)

Moline exploite alors la possibilité qu'offre l'abandon de la régularité de l'interface et propose un aménagement compatible avec une analyse de *que* comme proforme. Elle pose deux structures de syntaxe interne pour analyser nos emplois :

– relative sans tête, pour les cas A :

62. il danse que c'est une merveille
63. il ne vient pas qu'il n'apporte un bouquet de fleurs

- relative « continuative » ou « de liaison », pour les autres cas :

64. il n'était pas encore arrivé que l'autre partait
65. il faut partir qu'il fait nuit

L'intérêt est que dans la relative continuative, à la différence de la relative sans tête, la proforme ne se combine pas nécessairement avec une construction verbale à place distinguée ; elle peut le faire avec une construction verbale ordinaire ou même avec des structures averbales, ce qui permet de décrire notamment les exemples (31) à (34).

En syntaxe externe, l'hypothèse de Moline est la suivante : non seulement la relative peut être reliée à un constituant recteur par des relations de subordination syntaxique variées comme en (62, 63), mais elle peut l'être aussi au contexte par des relations qui ne relèvent plus de la syntaxe des catégories, mais bien de l'organisation pragmatique du discours. C'est le cas des exemples (64, 65), que Moline analyse comme des cas de « subordination pragmatique ». Cette analyse, qui fait des que-constructions de ces exemples des unités discursives autonomes, rend compte notamment de leur position nécessairement postposée : elles s'appuient sur des unités énoncées dans la partie précédente du discours. La relative « continuative » prolonge, comme le nom l'indique, une séquence discursive.

2.2.2. Difficultés soulevées par l'analyse

Cette analyse s'inscrit bien dans la ligne de celles qui reconnaissent l'hétérogénéité de la syntaxe externe des que-constructions. Mais elle rencontre plusieurs difficultés :

1. le caractère idiosyncrasique de la que-construction comme « subordonnée syntaxique » n'est pas traité.

Dans les exemples de type (60-61), la que-construction est toujours considérée comme une relative sans tête régie par le verbe de la principale, on n'a donc toujours pas d'explication du fait que cette construction ne peut être détachée à gauche. Ni de celui qu'elle ne peut non plus, à la différence des autres relatives sans tête, être détachée à droite avec un *et* de « surenchère » :

66. Je viendrai (le samedi) et quand je voudrai
67. *Je suis arrivé (dans l'après-midi) et que c'était cinq heures

ni se combiner avec des adverbes paradigmatisants :

68. Je fais ça (surtout + seulement) quand on me le demande / où il n'y a personne
69. (en été)*ils mangeaient (surtout + seulement) que c'était minuit

ni acccepter des formes « réduites » avec coordination de proformes :

70. je ferai ça où et quand je (le) voudrai
71. *Il fera ça où et que il (le) voudra

L'analyse de ces exemples reste donc à faire.

2. l'analyse du *que* comme une proforme est dans tous les cas contestable.

Dans les cas de « subordination syntaxique », elle se heurte évidemment aux mêmes objections que celle de Le Goffic. Dans les cas de « subordination pragmatique », elle en soulève d'autres :

– antécédents « non phrastiques »

Ce type d'antécédent ne peut être repris anaphoriquement par un relatif de liaison :

72. L1 il est arrivé, Pierre L2 heureusement ! que je m'en sortais plus
73. L1 il est arrivé, Pierre L2 heureusement ! ? sans quoi je m'en sortais plus

– les effet de « gapping » observés avec *que* dans (29) et (30) ne semblent pas non plus attestés avec les relatifs de liaison explicites :

74. *Il a donné un livre à Marie après quoi moi une fleur à Julie

– enfin, alors qu'aucune relative continuative explicitement marquée ne peut être introduite par *et* :

75. *il allait arriver et quand soudain surgit un homme
76. * il arriva à Paris il fit de nombreuses démarches il rencontra un homme et à qui, d'ailleurs, son Père l'avait adressé

Les exemples (58) et (59) montrent que c'est possible pour une que-construction.

Tous ces éléments militent contre une analyse en proforme des *que* figurant dans l'ensemble des exemples A, B et C, ce qui conduit à y voir des « conjonctions » ou « complémentiseurs ». Il nous reste donc à montrer que l'on peut surmonter les problèmes d'analyse de ces exemples au moyen d'une solution purement syntaxique.

2.3. Une solution purement syntaxique

2.3.1. Le double fonctionnement microsyntaxique et macrosyntaxique de *que* conjonction

Supposons que l'on adopte l'analyse classique par conjonction ou « complémentiseur » de *que*. Rien n'empêche de maintenir que ce morphème intervient à la fois dans des structures grammaticales et dans des structures discursives. C'est somme toute rejoindre Moline en élaborant la notion de « subordination pragmatique », qui reste trop intuitive. Les auteurs que nous avons mentionnés dans la section 1.3 ont indépendamment observé, pour beaucoup d'autres morphèmes classés d'ordinaire comme subordonnants, le double fonctionnement que recouvre l'opposition subordonnée syntaxique-subordonnée pragmatique. Le cadre général pour traiter ces problèmes de relation entre morphologie, syntaxe grammaticale et syntaxe du discours a été bien posé par Marianne Mithun (2005) :

> « in a number of languages the prosodic, morphological, and semantic cues that might characterize the sentence do not always converge. Dependent clause

markers appear pervasively in what seem, on prosodic and semantic grounds, to be independent sentences. A closer look shows that these markers are being used to signal **pragmatic dependency** among larger elements in discourse.

These structures may come about through the grammaticization of matrix clauses into particles or affixes, through the ellipsis of matrix clauses, or through the simple extension of dependency markers to a larger domain. The processes of extension can be strikingly similar cross-linguistically. Common sources include nominalizers and adverbializers. [...]. The markers of dependency serve several recurring functions in discourse. The Yup'ik Participial and Barbareno nominalized sentences contribute background, descriptive, subsidiary, explanatory, or evaluative information, information that does not move narrative forward. The Yup'ik Subordinative and the Hualapai switch-reference markers signal textual cohesion, marking statements that together compose a larger discourse unit ».

On pourrait parfaitement appliquer la conclusion de ce paragraphe au fonctionnement du *que* « conjonction » dans les exemples que nous avons examinés. Ce morphème, qui par ailleurs marque l'enchâssement d'une construction verbale dans la valence d'un ensemble de classes de verbes, fonctionne aussi comme un marqueur de cohésion textuelle : il introduit des énonciations autonomes qui s'associent à d'autres pour constituer des unités de discours plus larges fondés sur des relations « rhétoriques ». C'est notamment le cas dans les exemples en B et C2. Certains schémas de ce type peuvent y être identifiés : séquence justificative (19), séquence affirmation-conclusion (20), séquence affirmation-opposition ou rectification (21-22), séquences narratives (26-27), ou encore discours-commentaire, avec des que-constructions évaluatives :

> 77. après il y a eu Martine que j'étais tellement contente d'avoir une petite fille (Barcelo)
> 78. elle était du village où j'habitais que j'aurais bien voulu la voir (Barcelo)

ou explicitant le discours précédent :

> 79. et moi j'étais contente que je disais tu vas lui faire plaisir (op Mar, femme, 50 ans, 1980)
> 80. et puis alors on a acquitté encore deux ou trois des autres aussi qu'ils étaient plus jeunes vous voyez (Vi, 4,1)

La que-construction est aussi employée dans un contexte dialogal pour enchaîner deux interventions qui poursuivent un même programme :

> 81. L1 il y avait des pommes de terre pomme de terre au lard le midi pomme de terre lait le soir
> L2 pomme de terre lait
> L1 oui avec du lait ribou
> L2 oui oui
> L1 que le lait ribou il était pas bon comme maintenant (Bretonne, 70 ans, 1980)

Si l'on veut trouver une forme syntaxique générale, un signifiant commun qui recouvre toutes ces exploitations discursives, on peut recourir au cadre macrosyntaxique. Deulofeu (1999b) voit dans tous ces cas un schéma noyau-suffixe où *que* est donc analysé comme un marqueur de suffixe. Cette analyse vise à la fois à rendre compte des caractéristiques de syntaxe externe et de syntaxe interne de l'unité. On peut en effet définir le « suffixe » macrosyntaxique comme une unité sans lien grammatical avec le contexte, possédant ses propres modalités d'énoncé (donc une force illocutionnaire), mais qui ne peut fonctionner comme un énoncé autonome : elle est marquée comme présupposant la présence dans le contexte d'une autre unité macrosyntaxique pourvue de modalités d'énoncé (le noyau). Deux positions sont alors possibles pour une telle unité : après le noyau, comme dans les exemples précédents, ou sous forme de parenthèse comme dans l'exemple (2). Mais ce que l'on ne rencontre jamais, c'est une construction introduite par *que* en début absolu d'interaction ou de séquence discursive :

82. ?tiens ! que Paul arrive (au sens de « voilà que Paul arrive »)
83. ?à propos que j'ai pas pu passer à la banque

Ces que-constructions fonctionnent exclusivement comme suffixes. On ne les rencontre pas avec une valeur de cadre « présupposé » (préfixe), comme le montre le fait que l'on ne peut donner avec *que* un équivalent du nominativus pendens en *le fait que* de l'exemple suivant :

84. et euh ta mère **le fait qu'**elle travaille pas euh sachant que maintenant vous êtes partis elle s'ennuie pas ou euh ?
85. *et euh ta mère **qu'**elle travaille pas euh sachant que maintenant vous êtes partis elle s'ennuie pas ou euh ?

Sur le plan de la syntaxe interne, le point essentiel est que la réalisation des unités macrosyntaxiques (noyau ou suffixe) n'est pas contrainte en termes de catégories grammaticales. Elles peut prendre la forme d'une construction verbale ou de toute autre construction apte à véhiculer le contenu pragmatique visé : structure non verbale (29-30), formes non canoniques de construction verbale (31-32), paragraphes (39-40). Le « noyau » sur lequel s'appuie le suffixe en *que*, en tant qu'unité macrosyntaxique, peut être lui-même composé d'une simple interjection ou d'un adverbe comme en (58). Il peut consister en une énonciation ou plusieurs formant un ensemble discursif.

Je voudrais à ce propos souligner une différence importante entre ces analyses et celles qui continuent à voir dans ces exemples des formes plus ou moins « lâches » de subordination. Le préjugé de parallélisme entre morphologie et syntaxe (il y a un *que*, donc il y a relation de rection, si faible soit-elle) amène à rechercher le rattachement syntaxique de la que-construction à une catégorie grammaticale et une seule. Ceci revient à considérer que les formes syntaxiques ne peuvent dépendre que d'une catégorie qui se trouve dans un contexte proche, ce qui exclut que la construction soit rapportée à l'ensemble du contexte discursif précédent. Or si l'on considère les séquences narratives comme (1), le statut syntaxique de la construction qui figure à la fin de telles séquences n'est pas déterminé par la construction verbale qui précède, mais plutôt par l'ensemble de la séquence. La que-construction en (1) est caractérisée par le fait qu'elle occupe la dernière place d'une séquence ou « période » narrative, et non pas par le fait qu'elle serait reliée par un lien de rection plus « lâche » avec la construction verbale précédente. Il en est de même des commentaires de (81) qui concernent en fait non pas l'énoncé précédent mais toute l'interaction précédente.

2.3.2. Le statut de *que* dans ces constructions

Quel est, dans ce cadre, le statut précis de *que* marqueur du suffixe que forme la que-construction ? Il conviendrait de distinguer entre marqueur de lien macrosyntaxique que l'on réserverait à *et, mais, parce que,...* et marqueur du statut énonciatif d'un énoncé. *Que*, combinable avec *et*, serait donc un marqueur de statut indiquant que l'énoncé qu'il introduit doit nécessairement enchaîner sur une première énonciation, comme en témoigne le fonctionnement exclusivement suffixe de la que-construction. *Que* marquerait ainsi un type de modalité énonciative : une énonciation nécessairement seconde dans le discours, parce qu'effectuée à propos et à la suite d'une autre.

Cette valeur en langue est diversement exploitée en discours. *Que* marque des suffixes à valeur argumentative au sens très large : il souligne une conclusion, une justification, une objection voire une évaluation formulée à propos d'un noyau énoncé précédemment. Il indique parfois simplement que le suffixe est pris dans le même ensemble discursif que les éléments qui précèdent. Si l'on compare ces emplois avec ceux de *que* « complétif », on peut constater que l'on est amené à nuancer la proposition de Rizzi (1997), selon laquelle la catégorie de complémentiseur comporte des traits de sous-catégorisation à la fois en syntaxe interne et en syntaxe externe. On peut sans doute imaginer, pour la sélection externe, une valeur modale responsable à la fois de la sélection des lexèmes qui le régissent et des contextes discursifs où il s'insère, par exemple en suivant les développements de Paoli (2007) et Demonte (2005), qui proposent un trait de modalité « évidentielle », et l'associent à un trait [+ temps fini] pour rendre compte de la sélection interne. Mais si cette analyse est conforme aux faits lorsque la que-construction s'insère dans une construction définie en termes de catégories grammaticales (verbe, nom, adverbe...), où *que* sous-catégorise bien une construction verbale à sujet et mode « fini », elle doit être aménagée dans le cas des emplois macrosyntaxiques ou discursifs. On a vu en effet à travers un certain nombre d'exemples que ces emplois se caractérisent par la disparition des contraintes de sous-catégorisation catégorielles au profit d'une sélection en termes de contextes pragmatiques (exemples 36-41 pour la syntaxe externe et 59-63 pour la syntaxe interne). En contrepartie, dans cet emploi, les que-constructions sont sensibles à des contraintes d'ordre (jamais antéposés à l'élément « base ») directement liées à l'organisation séquentielle des configurations discursives et à des contraintes liées au contexte discursif. La sélection de ces contextes discursifs n'est pas de l'ordre de la combinatoire grammaticale. Ainsi un *que* marqueur de suffixe ne sera de toute façon jamais obligatoire pour réaliser une séquence discursive quelle qu'elle soit, alors que l'on ne peut s'en dispenser dans les cas où il intervient dans une construction grammaticale.

2.3.3. Types d'interférences entre les deux organisations.

L'analyse précédente suppose une distinction binaire entre constructions grammaticales et configurations discursives, c'est-à-dire entre le domaine de la microsyntaxe et celui de la macrosyntaxe. Elle permet de bien distinguer les emplois des que-constructions relevant du système de rection de ceux qui relèvent de la construction du discours. Mais il est évident qu'elle ne rend pas compte de façon satisfaisante de deux types d'emplois : les pseudo-circonstants (A) et les subordinations inverse (C1). Ces emplois, comme nous l'avons vu dans les discussions précédentes, ne peuvent être décrits exclusivement en termes de contraintes grammaticales ou pragmatiques : les contraintes auxquelles ils obéissent relèvent des deux domaines à la fois.

Considérons d'abord les pseudo-circonstants de A. L'observation cruciale est que ces formes fonctionnent sémantiquement comme des modifieurs de la construction verbale précédente alors qu'elles n'ont pas les propriétés syntaxiques de tels modifieurs. Elles sont en particulier confinées à une position postposée, alors que les modifieurs canoniques peuvent occuper diverses positions. J'ai en outre montré qu'aucun dispositif ne peut permettre de les dissocier de la construction verbale précédente, notamment la séparation par épexégèse avec adjonction d'adverbe ou de coordonnant, au contraire de ce que l'on observe avec des « circonstants » de sens comparable. Enfin, on peut remarquer qu'il y a toujours une possibilité de construire directement la deuxième construction verbale, sans différence de sens appréciable :

86. l'été ils mangeaient c'était minuit
87. Ça pue ça empoisonne

Cet ensemble de propriétés peut être interprété comme indices de la formation d'une manière de collocation syntactico-lexicale par conventionalisation de routines énonciatives, sur le modèle des « online procedures » étudiées par Iwasaki et Ono (2002).

Je m'appuierai en outre sur la remarque suivante de Thompson (2002 : 142) à propos des constructions « complétives » : « complementation is not so much a grammatically recognized complex sentence type that happens to be realized in a peculiarly ragged way by most speakers, but rather a refined and normatized specialisation of a general discourse use of [verb] phrases as epistemic evidential evaluative frames for declarative and interrogative clauses ».

Supposons que, selon ce modèle, on dise : les pseudo-circonstants sont des usages normalisés et partiellement codifiés de que-constructions autonomes fonctionnant comme des commentaires sur le contenu d'une énonciation précédente. On dispose grâce au « partiellement » d'un moyen d'expliquer à la fois les contraintes catégorielles et les contraintes discursives qui pèsent sur ces formes. La position exclusivement à droite s'explique naturellement par leur statut originel de suffixe. Par ailleurs, on peut penser que la routinisation de commentaires ajoutés « on line » par les locuteurs s'applique seulement aux formes les plus fréquentes que peut prendre un tel enchaînement textuel : les successions de constructions verbales. On imaginerait mal des groupes nominaux « nus » fonctionner comme ajouts formant une seule énonciation avec une construction verbale précédente :

88. il a été trempé (que) c'était une horreur
89. ? il a été trempé une horreur

La forme du commentaire suffixe qui aurait été à la source de (89) : *il a été trempé : une horreur* ! est évidemment marquée par rapport à celles de (86-88) et donc constitue un point de départ moins plausible pour une conventionnalisation.

De plus, des contraintes sémantiques sévères semblent régir ces structures : dans la grande majorité des cas attestés, la seconde construction verbale apporte un repère temporel ou un commentaire évaluatif. C'est donc un sous-ensemble des structures [noyau que suffixe] qui s'est routinisé en pseudo-circonstant. Il ne s'agit en aucune manière d'un « circonstant passe-partout ». Le fait que le deuxième terme de ces structures soit soumis à des contraintes aspectuelles dans le premier cas :

90. je suis arrivé que c'était fermé
91. ? je suis arrivé que ça avait été fermé / que ça a fermé

et à des contraintes lexicales, s'il apporte un commentaire évaluatif :

92. ça puait que ça empoisonnait
93. ? ça puait que Pierre est parti

confirme le caractère de collocation préférentielle, plus que de construction libre, à la structure. Elle fonctionne essentiellement comme une datation ou un repère d'intensité de l'action principale. L'analyse comme ajout ne se fonde finalement que sur un effet de paraphrase avec les ajouts canoniques.

Ces hypothèses d'analyse me semblent confirmées par les données fournies par les corpus dont nous pouvons disposer, si incomplètes soient-elles. Dans Deulofeu et Véronis (2002), une étude des occurrences de ces diverses structures permet de juger de leur productivité. Une première constatation confirme que l'usage productif d'un *que* marqueur de séquence discursive est surtout le fait du français « méridional » (20 % des 800 occurrences de que-constructions en face de moins de 5 %). Mais dans ce corpus de français méridional, seuls 4 exemples clairs de pseudo-circonstants peuvent être relevés. Ils expriment soit une datation :

94. non non ça euh ça s'est passé que j'étais pas née
95. avez les XXX vous avez les palangres que si ils calent le soir et i- alors le le les engins travaillent toute la nuit et le matin alors ils arrivent que c'est neuf heures dix heures

soit un repère d'intensité :

96. ça me plaisait c'est bête que ça en peut plus mais enfin
97. quand on l'a démoli ce pont transbordeur ça m'a fait une peine une peine que vous pouvez pas vous faire une idée

En face, on relève plus de 100 exemples d'emplois comme marqueur de suffixe. Seul ce dernier emploi présente donc la productivité d'une structure syntaxique libre, l'autre se voit confirmer son statut de forme contrainte.

Reste à examiner le cas des « subordinations inverses » (C1), qui me semblent relever d'une analyse différente. Ces structures sont partagées par l'ensemble des locuteurs et aucun effet de collocation net ne peut-être invoqué : les éléments lexicaux y sont peu contraints et obéissent à des principes de sous-catégorisation stricte : il s'agit de deux constructions verbales « tensées » qui forment une seule unité de discours exprimant l'assertion d'une corrélation entre deux faits. Je renvoie à Deulofeu (1988 : 97 à 103) pour le détail des propriétés de la séquence. Une de ces propriétés est particulièrement pertinente pour l'analyse. Dans les autres fonctionnements vus jusqu'ici, la présence du *que* peut-être considérée comme « facultative ». Plus précisément, on n'observe pas de différence sémantique notable entre la formulation avec *que* ou la formulation en asyndète. Au contraire, dans le fonctionnement « subordination inverse », une différence de sens notable signalée par Moline (1995) est apportée par *que* par rapport à la version asyndétique : *que* marque le caractère « inattendu » par rapport aux attentes habituelles de l'événement porté par la que-construction. On remarquera ainsi le contraste suivant :

98. il me demanderait de le recevoir je refuserais
99. il me demanderait de le recevoir j'accepterais bien volontiers
100. il me demanderait de le recevoir que je refuserais
101. ? il me demanderait de le recevoir que j'accepterais bien volontiers

Si on admet que l'acceptation est le cas non marqué de réponse à une demande, *que* apparaît incongru dans (101). Ce contraste révèle une association tout à fait idiosyncrasique entre propriétés formelles et propriétés sémantiques de la version avec *que*, ce qui permet d'y voir une « construction », au sens de la Construction Grammar, spécifique du français. Elle doit être, à ce titre, répertoriée comme un des « grands signes » qui constituent la grammaire du français. Si on devait la rattacher à une famille de constructions, ce serait sans doute à des structures binaires à valeur corrélative comme dans :

102. Vous faites ça encore une fois et je vous renvoie

On remarquera que l'analyse en codification de routine discursive est impossible ici puisqu'il n'existe aucun « discourse pattern » en français où *que* introduirait une assertion jouant le rôle de « comment » par rapport à un « topic » qu'il soit phrastique ou non (Deulofeu 1999a) :

103. ? ce livre que je l'ai emprunté à la bibliothèque
104. ? on me provoque que je réponds

CONCLUSIONS

Sous réserve de plus amples vérifications empiriques, les conclusions suivantes semblent se dégager sur le statut de l'élément *que* en français contemporain :

En synchronie, je ne vois pas d'arguments pour soutenir une analyse comme proforme nominale ou adverbiale des emplois non interrogatifs. La forme *que* recouvre donc deux morphèmes appartenant à des catégories grammaticales distinctes et réparties complémentairement selon les contextes syntaxiques.

Les emplois non interrogatifs étudiés peuvent s'expliquer à partir d'un statut de « conjonction » ou de « complémentiseur », à condition d'accepter qu'un complémentiseur puisse fonctionner à la fois comme marque d'intégration à une construction grammaticale et comme articulateur de séquences discursives, possibilité reconnue jusqu'ici pour de nombreuses autres conjonctions (voir Verstraete 2007 pour un bilan dans les langues germaniques).

Tous les locuteurs français partagent les constructions grammaticales productives où intervient *que* (complétives, comparatives, restrictives, relatives déterminatives, « subordination inverse »), comme en témoigne l'égale productivité de ces structures dans des corpus aux conditions de production très diverses.

Les emplois discursifs sont au contraire beaucoup plus sensibles aux types de corpus. On peut le comprendre, si l'on prend garde que, dans de tels emplois, *que* fonctionne au bout du compte comme un marqueur de statut pragmatique de l'énoncé. Dans cette fonction, il est en concurrence avec d'autres procédés : particules discursives, adverbes épistémiques, contours prosodiques. Il est alors tout à fait attendu que la répartition de ces marques dans les séquences discursives varie en fonction des « genres » et de diverses caractéristiques sociolinguistiques des locuteurs. Certaines de ces marques seront spécialisées pour des contextes pragmatiques particuliers selon ces paramètres. Ainsi, d'après des comptages à partir de Deulofeu et Véronis (2002), on constate que l'usage de *que* dans les séquences discursives marquant une opposition ou un contraste entre deux situations :

105. ils travaillent maintenant avec des machines que avant c'était tout fait à la main ça eh (Ri, 24,6)

est également attesté chez les locuteurs du Nord et du Midi de la France. En revanche, seuls les locuteurs « méridionaux » peu scolarisés l'emploient avec productivité dans d'autres types de séquences, narratives ou justificatives :

106. mon oncle a même failli tirer sur une feuille qu'il croyait que c'était un gibier (BU. 4,10)

Il faut souligner que si l'emploi macrosyntaxique de *que* est sensible au « genre » des corpus où il apparaît, ce n'est pas le cas dans d'autres langues romanes, où il est bien attesté dans la langue de conversation de tous types de locuteurs. Une étude historique et comparative du développement de ce tour devrait éclairer cette différence.

Sur un plan plus général, l'approfondissement de l'étude du fonctionnement discursif des catégories grammaticales, qui dépasse largement le cadre de *que*, devrait permettre de renouveler, à travers la question de la conventionnalisation des routines discursives, la question du caractère graduel ou discret des relations syntaxiques. Mais, pour le français, ceci supposerait, encore une fois, la mise à disposition de données authentiques plus nombreuses et plus fiables.

Références

BENZITOUN C. (2007), « Examen de la notion de subordination. Le cas des *quand* 'insubordonnés' », *in* Isabelle Brill et Georges Rebuschi (eds) *Coordination et subordination : typologie et modélisation*, *Faits de Langue*, 28, 35-47.

BIBER D., JOHANSSON S., LEECH G., CONRAD S., and FINEGAN E. (1999), *Longman Grammar of Spoken and Written English*. London, Longman.

BLANCHE-BENVENISTE C. *et alii* (1990), *Le Francais parlé. Etudes grammaticales*, Paris, éd. CNRS.

BOONE A. (1996), « Les complétives et la modalisation », *Dépendance et intégration syntaxique*, Muller éd., 112-136, Tübingen, Niemeyer.

DEBAISIEUX J.-M. (2007), « La distinction entre dépendance grammaticale et dépendance macrosyntaxique comme moyen de résoudre les paradoxes de la subordination », *in* Isabelle Brill et Georges Rebuschi (eds) *Coordination et subordination : typologie et modélisation*, *Faits de Langue*, 28, 119-133.

DEMONTE V., FERNANDEZ SORIANO O. (2005), « Features in comp and syntactic variation : the case of (de)queismo in Spanish », *Lingua*, 115, 1063-1082.

DEULOFEU J. (1988), « La syntaxe de *que* en français parlé et le problème de la subordination », *Recherches Sur le Français parlé*, 8, 79-104.

DEULOFEU J. (1999a) « Recherches sur les formes de la prédication en français contemporain : le cas des énoncés introduits par *que* », Thèse d'Etat, Université Paris III, Sorbonne Nouvelle.

DEULOFEU J. (1999b), « Questions de méthode dans l'étude du morphème *que* en français contemporain », *Recherches Sur le Français Parlé*, 15, 163-198.

DEULOFEU J. et VERONIS J. (2002), « L'utilité du recours au corpus pour rendre compte des différences entre les locuteurs du Sud et du Nord de la France dans l'emploi du morphème *que* en langue parlée », *in* Claus D. Pusch, Wolfgang Raible (eds.), *Romanistische Korpuslinguistik – Korpora und gesprochene Sprache, Romance Corpus Linguistics, Corpora and Spoken Language*, 349-362, Tübingen, Gunter Narr Verlag.

DUPRÉ P. (1972), *Encyclopédie du Bon Français*, Paris, Trévise.

FODOR J. (1983), « Phrase structure parsing and the island constraint », *Linguistic and Philosophy*, 6, 112-135.

GOETHALS P. (2002), *Las conjunciones causales explicativas españolas como, ya que, pues, y porque. Un estudio semiótico-lingüístico*, Leuven, Paris, Peeters.

IWASAKI S. and ONO T. (2002), « ''sentence'' in spontaneous spoken Japanese discourse », *in* Bybee J. & Noonan M., (ed) *Complex sentences in grammar and discourse*, Essays in honour of Sandra A. Thompson, 176-202, Amsterdam, John Benjamins.

LE GOFFIC P. (1993), *Grammaire de la phrase française*, Paris, Hachette.

MITUM M. (2005), « On the assumption of the sentence as the basic unit of syntactic structure » *in Linguistic diversity and language theories*. Zygmund Frayzingier, Adam Hodges and David S. Rood (eds.) : 169-183 Amsterdam, John Benjamins (Studies in language, Companion series).

MOLINE E. (1995), *Constructions subordonnées en* que *: diversité ou polysémie*, Thèse de Doctorat, Université Toulouse Le Mirail.

MONDADA L. (2001), « Pour une linguistique interactionnelle », *Marges linguistiques* – Numéro 1, Mai 2001 http://www.marges-linguistiques.com – M.L.M.S. éditeur – 13250 Saint-Chamas.

MULLER C. (1996), « La conjonction *que* : rection vs. dépendance immédiate et concurrence avec *que* pronominal », *Dépendance et intégration syntaxique*, Muller (ed.) Tübingen, Niemeyer, 87-99.

PAOLI S. (2007), « The fine structure of the left periphery : Comps and subjects. Evidence from Romance », *Lingua* 117, 1057-1079.

RIZZI L. (1997) , « The fine structure of the left periphery ». In *Elements of grammar. A Handbook of generative syntax,* L. Haegeman (ed), 281-337. Dordrecht : Kuiver. Clarendon Press.

THOMPSON S. A. (2002), « Objects complements and conversation : towards a realistic account », *Studies in Language* 26, 1, 125-164.

VERSTRAETE J.-C. (2005), « Two types of Coordination in clause combining », *Lingua,* 115, 611-626.

VERSTRAETE J.-C. (2007), *Rethinking the Coordinate-Subordinate Dichotomy,* Topics in English Linguistics 55, Berlin, Mouton de Gruyter.

Pierre Le Goffic
Université Paris 3 & Lattice (UMR CNRS / ENS)

QUE complétif en français : essai d'analyse

Cet article vise à donner du *que* introducteur de complétives en français une description unifiée, qui, d'une part, articule les complétives en *que P* et les complétives en *ce que P*, et, d'autre part, assigne une place au *que* (et à *ce que*) complétif au sein de l'ensemble des termes en *qu-*. La thèse centrale est que la dite 'conjonction' *que* n'est pas un terme vide, pur instrument syntaxique sans contenu, mais un pronom employé de façon abstraite, conservant dans son emploi la propriété fondamentale des mots *qu-* (qui est d'introduire une variable, et qui fait de ces termes, par nature, non seulement des interrogatifs mais aussi des instruments potentiels de subordination).

La tradition grammaticale désigne du nom de 'complétive' (ou parfois '*que P*') un ensemble de subordonnées dont on a un exemple type dans :

Je crois qu'il va pleuvoir.

Ces subordonnées représentent la nominalisation d'une structure de phrase 'P' (dans notre exemple, 'P' = *il va pleuvoir*), permettant l'emploi de cette structure nominalisée (son enchâssement) dans une structure matrice comme si c'était un groupe nominal (en position de Cod du verbe *croire* dans notre exemple). Ce dispositif syntaxique est une des pièces maîtresses de la syntaxe, en ce qu'il permet de traiter comme un terme nominal une structure prédicative complexe.

Si toutes les langues, selon toute apparence, permettent de traiter comme argument une structure de phrase, elles recourent pour cela à une gamme variée de procédés, même dans les langues d'une même famille : le latin, par exemple, n'utilisait pas les mêmes moyens que le français. Certaines langues, comme (parmi d'autres) le français, l'anglais, l'allemand ou le russe, recourent notamment à un marqueur spécialisé (une 'conjonction'), qui est souvent considéré comme un pur instrument de transposition, dénué de sémantisme propre. Parmi ces langues, certaines (comme le français ou le russe, à la différence de l'anglais ou de l'allemand) utilisent dans cette fonction un terme (*que* en français) qui se retrouve dans le paradigme de l'interrogation comme marqueur de la catégorie du 'non-humain', et dans différents autres emplois syntaxiques. Quelle est alors la relation entre ces différents emplois (de *que*, pour le français) ? S'agit-il, et en quel sens, du 'même' terme, ou d'un homonyme ? C'est la question qui va être examinée ici.

La thèse défendue (déjà indiquée d'un mot ci-dessus, et qui vaut, *mutatis mutandis*, pour le russe) est que cette 'conjonction' *que* est bel et bien un membre à part entière de la classe des termes en *qu-* : c'est en quelque sorte un 'avatar' du pronom interrogatif, ou, pour mieux dire, de cet élément abstrait *que* qui se manifeste tantôt comme interrogatif, tantôt comme subordonnant, et que nous considérons fondamentalement comme un marqueur de variable de la catégorie 'non humain' (avec des remodelages de ses propriétés selon ses emplois). De là vient que les mêmes termes qui sont interrogatifs sont également susceptibles de constituer une classe naturelle de subordonnants : le *que* complétif est le pronom '– h' dans un emploi subordonnant (nous l'appellerons 'intégratif') de caractère métalinguistique. Ce fonctionnement s'insère sans difficulté dans le schéma général de fonctionnement des termes en *qu-*, compte tenu des particularités (mises en évidence par ailleurs) du pronom '– h' *que*.

Autrement dit, pour nominaliser P, la solution du français est de remplacer P (quel qu'il soit) par une variable : on identifie P à 'ce que P est' (avec une variable indéfinie), et on peut ensuite substituer 'ce que P est' à P, opération blanche sémantiquement mais d'un gain syntaxique considérable. *Que* est la trace et le marqueur de cette opération sous-jacente (réalisée en surface avec ellipse), il est en quelque sorte l'"image de P' (avec une variante en *ce que*, sur laquelle on reviendra).

L'exposé ici présenté reprend et développe l'analyse de notre *Grammaire de la Phrase Française* (en particulier dans le chapitre 18, §§ 371 à 375), et s'inscrit dans une analyse d'ensemble des termes en *qu-*, interrogatifs, indéfinis et subordonnants (voir en particulier Le Goffic 1992, 2002, 2005, sous presse). La solution que nous proposons se situe dans une ligne théorique qui part de Damourette et Pichon (pour leur réflexion sur la subordination, et spécialement leur conception de la subordination intégrative) et se prolonge par les recherches de Culioli (en particulier sur la notion de parcours de valeurs).

L'analyse ne se fera donc pas par référence à la notion générativiste de 'complémenteur', que son rapport délicat et mal élucidé avec les termes en *wh-* de l'anglais rend quelque peu confuse, et peu propre à être érigée en référence universelle, quelle que puisse être la pression exercée par la description de l'anglais sur la théorie linguistique. Le point clé, pour ce qui nous occupe ici, est que la 'conjonction' du français, à la différence de celle de l'anglais, est un mot *qu-* et doit être considérée comme tel. Il y a donc une seule série de mots *qu-* et une seule 'position *qu-*'.

I. LES COMPLÉTIVES ET LA VARIATION *QUE P* / *CE QUE P*

On commencera par un premier tour d'horizon, très bref, des complétives en français (la description sera complétée et affinée par la suite à la lumière des hypothèses présentées), en distinguant les complétives (prototypiques) en *que P*, et les complétives en *ce que P*.

1.1. Complétives en *que P*

L'emploi le plus courant et le plus typique des complétives est en fonction de Cod d'un verbe, comme dans l'exemple déjà cité :

Je crois qu'il va pleuvoir.

Les verbes introducteurs de complétives (étudiés naguère en détail, en particulier sous l'impulsion des travaux de Maurice Gross) sont des verbes prenant comme objet un terme abstrait, complexe, et ressortissant à l'une des catégories suivantes :

– pour les complétives à l'indicatif :

verbes marquant l'existence ou la cause d'un fait : *il y a…, faire,…*

Qu'est-ce qu'il y a ? – Il y a que quelque chose ne va pas
C'est ce qui fait que je ne peux pas être d'accord

verbes de connaissance ou d'opinion : *savoir, voir, comprendre,…*

verbes déclaratifs : *dire…*

– pour les complétives au subjonctif (on ne s'intéressera pas ici au problème du mode, ni aux rapports entre la complétive et l'infinitif) :

verbes de relation logique : *il faut, impliquer…*

verbes de 'mouvement de l'âme' : *vouloir, craindre, regretter…*

verbes d'action sur autrui : *permettre,…*

Le morphème *que*, dépourvu de fonction dans la subordonnée et non anaphorique, est senti comme connecteur pur, permettant de nominaliser et d'enchâsser une structure de phrase dont il ne fait pas partie. Le caractère foncièrement métalinguistique ou métadiscursif de cette construction est occulté par sa grande fréquence et sa facilité d'emploi, mais il mérite néanmoins d'être rappelé et souligné : le fait de pouvoir transformer une structure de phrase complète en un 'nom de discours', aussi facilement et aussi efficacement, est digne de figurer en bonne place parmi les propriétés les plus remarquables du langage.

Mais à côté de la fonction de Cod, les complétives peuvent, on le sait, être utilisées dans toute la gamme des fonctions du nom : pour les fonctions directes (non prépositionnelles), sujet (emploi recherché, mais indiscutable si le verbe l'autorise), attribut (derrière *c'est*), séquence d'impersonnel (ou « sujet réel »), sujet (ou thème) d'une prédication averbale :

> *Que P prouve que P*
> *Que P reste à prouver*
> *Que P montre bien son innocence*
> *Que P est probable (peu probable), normal, heureux...*
> *Le plus important, c'est que P*
> *Il est nécessaire (probable) que P*
> *Il reste que P*
> *Dommage (Impossible) que P !*
> *Encore heureux qu'il ait fait beau !*

Les complétives peuvent aussi s'employer comme terme nominal libre ('dislocation' topicalisante gauche ou droite, reprise de *ça*) :

> *Qu'il fasse une chose pareille, c'est possible*
> *Ça m'ennuierait (,) qu'il fasse une chose pareille*
> *C'est vrai (possible) (,) que P*
> *Je trouve ça terrible, moi, qu'on puisse faire une chose pareille !*

Au total la complétive se comporte bel et bien comme un GN.

1.2. Complétives en *ce que P*

Un problème se pose quand la complétive doit s'enchâsser derrière une préposition. C'est le cas par exemple dans la complémentation de verbes tels que *s'apercevoir* (*de quelque chose*) ou *tenir* (*à quelque chose*). La morphosyntaxe du français présente un blocage sur la séquence 'Préposition + Que P' :

> **Je me suis aperçu de que j'avais oublié mes clés*
> **Je tiens à que vous soyez tous là.*

Deux solutions existent pour sortir de la difficulté :

– soit la disparition en surface de la préposition :

> *Je me suis aperçu que j'avais oublié mes clés.*

La complétive, en dépit de son apparence de Cod, est alors en réalité un complément indirect, conformément au paradigme général des compléments du verbe ; la préposition, masquée, reste sous-jacente, mais elle se manifeste en cas de pronominalisation de la complétive (en l'occurrence par *en* : *Je m'en suis aperçu*). Cette solution n'est pas possible avec *tenir* (elle ferait équivoque avec un emploi transitif direct de ce verbe), mais on la rencontre avec de nombreux verbes :

> *douter [*de] que P*
> *se moquer [*de] que P*
> *prévenir (avertir, informer) quelqu'un [*de] que P*
> *convaincre quelqu'un [*de] que P*

– soit le maintien de la préposition et l'apparition d'un démonstratif *ce* (sur lequel on reviendra) entre la préposition et *que* :

> *Je tiens à ce que vous soyez tous là.*

Cette solution est peu naturelle (sans être totalement exclue) avec *s'apercevoir*. On la rencontre avec des verbes ou locutions tels que :

se résoudre à ce que P
s'attendre à ce que P
se refuser à ce que P
mettre un point d'honneur à ce que P
attacher une importance particulière à ce que P

Le détail de la répartition entre ces deux solutions serait à examiner au cas par cas (préposition par préposition, et verbe par verbe), mais la première solution (disparition en surface de la préposition) est la plus courante (même si elle n'est pas possible dans tous les cas). Quand les deux tours sont en concurrence (*prendre garde que / à ce que P ; faire attention que / à ce que P*), le tour en *'Prép + ce que P'* est plus recherché. La question à laquelle sont confrontées toutes les grammaires est évidemment celle de rendre raison de ce tour énigmatique *'ce que'*.

Cette situation de régime indirect se retrouve quand la complétive vient complémenter un adjectif (ou un adverbe comme *loin* ou *indépendamment*) : la source du rattachement de la complétive à un adjectif est prépositionnelle (être *heureux de quelque chose* ; cf. la pronominalisation *en être heureux*), mais on se trouve face au même blocage, avec les deux mêmes solutions :

je suis heureux que P / je suis heureux de ce que P
loin que P / loin de ce que P.

Voici quelques adjectifs introducteurs de complétives, relevant des mêmes catégories sémantiques que les verbes introducteurs mentionnés ci-dessus :

être sûr (certain, persuadé,...) que P
être heureux (triste, furieux,...) que P
être prêt à ce que P

La même situation se retrouve encore derrière certains noms, qui peuvent être suivis d'une subordonnée complétive (en ce sens que le marqueur *que* est sans équivoque dénué de fonction par rapport au verbe de la subordonnée qu'il introduit). Dans de nombreux cas (mais non pas dans tous : cf. ci-dessous), une complétive d'apparence directe repose en réalité sur une construction prépositionnelle en *de ce que*, comme l'atteste l'anaphore de la complétive (dans certaines configurations) par *en* :

l'idée que P / l'idée de ce que P (l'idée en est intéressante, j'en ai eu l'idée)
l'impression que P / l'impression de ce que P (j'en ai l'impression)
la peur que P / la peur de ce que P (j'en ai peur)
la chance, l'habitude que P.

Beaucoup de ces noms correspondent à des verbes (ou à des adjectifs) eux-mêmes introducteurs de complétives :

la pensée, la croyance que P (comme penser, croire que P)
la volonté, la crainte, l'espoir que P

> *le bonheur, la tristesse, la certitude que P.*

et/ou entrent dans des locutions verbales (*avoir peur que P, avoir besoin que P, avoir envie que P*) ou des « locutions conjonctives » :

> *(de peur que P)*
> *à mesure que*

Le nom introducteur de complétive peut être repris anaphoriquement par un démonstratif, comme dans cet exemple de Proust :

> *telle de mes terreurs enfantines comme celle* (= la terreur) *que mon grand-père me tirât par les cheveux.*

Arrêtons ici ce tour d'horizon rapide : l'exposé n'est pas complet, mais les cas restants s'y rattacheront mieux après que nos hypothèses auront été développées.

2. *QUE* COMPLÉTIF : MARQUEUR DE VARIABLE ET SUBORDONNANT

Les deux questions centrales qui se posent sont donc :
1. Quel est ce *que*, introducteur de la subordonnée dans *Je crois que P* ? Dans quel rapport est-il aux autres *que* du français ?
2. Comment s'analyse le tour *ce que P* (complétive derrière préposition) ?

2.1. Variable non instanciée : *que* complétif intégratif

La réponse que nous proposons à la première question est que le *que* introducteur de complétive est beaucoup plus proche du *que* interrogatif qu'il n'y paraît au premier abord et aux yeux de la tradition (ancienne ou très contemporaine !). C'est, précisément, un pronom neutre, intégratif 'non humain', marquant une variable non instanciée, et chevillant la subordonnée (rappelons ici la nécessité de distinguer au départ du système le *que* pronom 'non humain', et son cousin homonyme le *que* adverbe de degré, exclamatif et comparatif ; pour plus de détails, cf. Le Goffic 1993). A-t-il une 'fonction' propre ? Non pas dans le segment P qu'il introduit (la tradition voit juste sur ce point en disant que la conjonction *que* n'a pas de fonction dans la subordonnée qu'elle introduit), mais Oui, à un niveau supérieur (bien que toujours interne à la subordonnée), et de façon masquée : nous interprétons le *que* complétif comme un attribut de la subordonnée avec ellipse de la copule. En d'autres termes, selon cette analyse, *Je crois que P* signifie littéralement 'Je crois ce que 'P' est'.

Cette glose peut surprendre : son intelligibilité (sa valeur analytique) est malencontreusement obscurcie par le passage du *que* de départ au 'ce que' de la glose, alors qu'on souhaiterait pouvoir simplement, en tout et pour tout, ajouter la copule 'est' à l'énoncé qu'on veut gloser, en gardant inchangés les autres termes. Mais la formule 'je crois que P est' s'interpréterait avec un autre sens ('je crois en l'existence de P') alors que le sémantisme visé par la glose, qui n'a pas de forme d'expression formant un énoncé acceptable en français, serait celui (si l'on peut se permettre une glose interlangue !) de l'anglais 'I believe what P is', ou encore de leur équivalent théorique (mais inénonçable) français 'Je crois quoi P est'.

On voit que la 'nominalisation' de '*P*' consiste simplement à remplacer '*P*' par '*que P*' (valant, selon nos hypothèses, 'ce que '*P*' est'), et on voit tout l'intérêt de ce tour de passe-passe : alors que '*P*', en tant que structure de phrase, est un être syntaxique susceptible de citation mais non pas d'intégration dans une unité supérieure, son terme de remplacement *que P* est une simple expression (pro)nominale, un simple et banal GN, utilisable comme tel *ad libitum* et sans restriction.

Cette astuce syntaxique n'a aucune incidence sémantique : le sens (et/ou la référence) de *que P* (entendu, encore une fois, comme 'ce que '*P*' est') est, par définition, égal à celui de '*P*', par rapport auquel il ne fait qu'introduire une distance métalinguistique, celle qui existe entre 'quelque chose' et 'ce que quelque chose est'. Le terme *que* (comme le 'what' de la glose en anglais) reste indéfini dans cet emploi, et il convient à toute occurrence de P au même titre : il est le représentant indéfini de toute valeur (quelle qu'elle soit) d'une structure '*P*' quelconque, et il marque donc bien une variable, non instanciée.

Dans ce fonctionnement, le *que* est donc un marqueur indéfini (un marqueur de variable) dont le rôle est de lier (de 'cheviller') deux prédications 'ce que je crois' et 'ce que P est', en identifiant, sans le spécifier, ce que je crois et ce que P est. C'est le principe même de la subordination que, après Damourette et Pichon, nous avons appelée intégrative : une variable non instanciée liant 2 prédicats, qu'on peut illustrer par les exemples suivants (accompagnés d'une glose informelle, dont on voudra bien excuser la lourdeur) :

Qui dort dîne ('le dormeur, quel qu'il soit, dîne')
Quand on veut, on peut ('au moment, quel qu'il soit, où on veut, à ce moment, on peut')
Fais comme tu veux ('la façon dont tu veux faire, quelle qu'elle soit, est celle dont je t'ordonne ou te permets de faire')

La subordination complétive n'est donc, à ce compte, qu'une forme de la subordination intégrative, particulièrement abstraite et sophistiquée. Les exemples de complétives sont par conséquent parallèles aux exemples précédents. Nous pouvons donc ajouter à la série précédente de nouveaux exemples :

Je crois qu'il va pleuvoir ('ce que '*P* : il va pleuvoir' est, quoi que ce soit, voilà ce que je crois').
Qu'il puisse réussir est probable ('ce que '*P* : il puisse réussir' est, quoi que ce soit, est probable').

Cette analyse intègre le *que* complétif d'une façon naturelle dans le schéma d'ensemble des termes en *qu-*. La variable en jeu ressortit bien à la catégorie ontologique des substances possédant le trait du 'non humain' : le *que* de *que P* est le marqueur d'une représentation abstraite subsumant la signification / référence de toute expression '*P*' (c'est également de cette façon que nous interprétons le mot de Culioli parlant d'« image de P »).

Reste à justifier la 'réalité' de l'ellipse : nous allons y revenir après le point suivant.

2.2. Variable captée par antécédent : *que* complétif relatif

Après avoir ainsi proposé une réponse à la question 1, venons-en à la question 2, l'analyse des complétives en *ce que P*.

Ce tour est une variante de la construction complétive fondamentale, variante dans laquelle *que* est, à la base, non plus un pronom intégratif, autarcique, mais un pronom relatif, reprenant son antécédent *ce*, et attribut de P (comme était le *que* intégratif, cette fonction étant également masquée, de la même façon, par l'ellipse de la copule).

Le bien-fondé de cette analyse apparaîtra plus clairement si l'on commence par dégager une catégorie syntaxique générale (dont les complétives en *ce que P* ne sont qu'un cas particulier) : celle des complétives rattachées à un antécédent nominal. Cet examen permettra également de compléter et de retoucher le panorama des complétives esquissé ci-dessus (§ 1).

2.2.1. Derrière N

Qu'il existe des 'complétives à antécédent' ressort d'un exemple tel que :

Il a cette particularité qu'il est gaucher,

dans lequel *il est gaucher* représente la structure 'P' introduite par *que* (*cette particularité que P*). Mais l'analyse de cet énoncé dégage deux éléments *a priori* non convergents :

a) d'une part, *que* n'a pas de fonction dans la structure 'P' qu'il introduit : en termes de syntaxe de surface, il ne saurait donc être considéré comme 'relatif' mais tombe donc bien, par définition, sous la catégorie du 'complétif' ;

b) pourtant, d'autre part, il existe manifestement un rapport (plus ou moins apparenté à l'anaphore) entre *cette particularité* et *que* : *que* reprend *cette particularité* exactement à la manière d'un pronom relatif reprenant son antécédent, et il est manifeste que, par son entremise, la subordonnée (*que P*) établit une relation d'identification entre le fait d'être gaucher et la particularité dont on parle.

En somme, la structure commence comme une relative, elle se poursuit sémantiquement comme telle, mais, syntaxiquement, elle finit en complétive (en queue de poisson si l'on veut) ! Sémantiquement, avec ou sans copule réalisée en surface, la relation d'identification entre 'P' (*il est gaucher*) et *cette particularité* (relayé par *que*) est indiscutable : la particularité dont parle l'énoncé est bien le fait que Jean est gaucher, et ceci fait partie de façon primordiale de la compréhension de l'énoncé. Il est dès lors indispensable de prendre acte (dans *cette particularité que P*) de l'ellipse de la copule qui signerait la relation d'identification : le recours à l'ellipse dans l'analyse est donc en définitive contraint, et sans alternative. Ce point est, à nos yeux, décisif pour légitimer le recours à l'ellipse dans toutes les réalisations de la subordination complétive en français.

Le *que* de *Il a cette particularité qu'il est gaucher* (qu'on continuera d'appeler 'complétif') est donc, à la base, un relatif neutre (de forme normale dans le paradigme du relatif), attribut de 'P', avec ellipse de 'est'. Il y a par conséquent 2 variantes du *que* complétif : le *que* complétif intégratif (celui de *Je crois que P*) et le *que* complétif relatif (celui de *Il a cette particularité qu'il est gaucher*).

Entre les deux existe une seule différence syntactico-sémantique, mais d'importance : le *que* complétif relatif n'introduit plus par lui-même une variable non instanciée, indéfinie : la variable dont il était virtuellement porteur a été 'captée' par un terme antécédent, dont il est devenu un simple relais. On aura reconnu là, en un mot, le mécanisme général qui, dans le développement de la subordination, permet le passage (conceptuel et historique ; cf. Le Goffic 2000) de la subordination intégrative à la subordination relative, qui en est issue.

Voici quelques exemples de complétives à antécédent :

Le fait qu'il est riche ne suffit pas (Le fait que '*Il est riche*' est (constitue), ce fait, ne suffit pas ; '*Il est riche*' est bien le fait en question)
Nous nous heurtons à cette difficulté que nos réserves sont insuffisantes ('*Nos réserves sont insuffisantes*' est bien la difficulté en question »).
On l'a reconnu à ce détail caractéristique qu'il portait un chapeau gris. ('*Il portait un chapeau gris*' est bien le détail caractéristique en question).

Une complétive modifiant un antécédent nominal peut avoir, à l'instar d'une relative ordinaire, un fonctionnement appositif :

Cette idée – que tout va mal – se répand = cette idée (qui est, je vous le rappelle, que tout va mal) ...

Ce type de fonctionnement se retrouve fréquemment avec des noms accompagnés d'un déterminant démonstratif : *ce N que P* (on a alors clairement « P est le N en question »). L'antécédent du *que* complétif peut aussi être le pronom démonstratif *ceci* (*cela*), éventuellement étoffé par une adjectivation, dans des énoncés tels que :

La difficulté réside en ceci que nous devons agir très vite ('*Nous devons agir très vite*' est le 'ceci' en quoi réside la difficulté)
Il a dit ceci (de très curieux) que P
Ces deux hypothèses sont équivalentes, à ceci près (qui fait toute la différence !) *que la première est plus élégante.*

On notera au passage que dans certains cas (par exemple dans *l'idée que P*), on peut hésiter à interpréter la complétive comme articulée directement sur le substantif, sur le modèle *le fait que P*, ou comme supposant une ellipse de préposition, comme dans *la peur que P* (auquel cas la complétive en *que P* a pour variante *de ce que P* : c'était le cas décrit au paragraphe 1.2.) :

l'idée que tout a une fin...

= *l'idée que P [est]* ('Tout a une fin' est l'idée en question ; le *que* est le complétif relatif, et la complétive a une fonction de Modifieur de *idée*)

= *l'idée de ce que P [est]* (cf. *l'idée d'une fin universelle ; il en a l'idée* ; le *que* est le complétif intégratif, et la complétive a une fonction d'argument, complément de nom).

2.2.2. Derrière ce

Il ne reste plus qu'un petit pas à faire pour en arriver aux complétives en *ce que P* :

La difficulté réside en ce (ou ceci) que nous devons agir très vite
Il en est arrivé (venu) à ce (ou ceci) que plus personne ne l'écoute
Ça revient à ce que chacun fasse la même chose
Je tiens (je veillerai) à ce que vous veniez
Ses difficultés viennent de ce qu'il n'a pas su s'adapter
Je profite de ce que vous êtes là pour vous dire merci
Jean souffre énormément de ce que ses parents sont séparés.

La structure syntaxique est exactement la même que précédemment pour les exemples *ce N que P*, ou *ceci que P* (les possibilités de paraphrase de *ce que P* par *ceci que P* étant variables selon les cas) : *ce* est le pronom démonstratif neutre, antécédent de *que* (complétif relatif).

La particularité est ici que, au plan sémantique, l'antécédent est référentiellement vide. Au total, la combinaison *ce que P* (avec le *que* complétif relatif et son antécédent formel *ce*) est strictement équivalente au simple *que P* (avec le *que* complétif intégratif) ; la valeur de variable indéfinie portée par le *que* complétif intégratif est reportée sur le démonstratif *ce* (le complétif relatif *que* ne faisant que la relayer). Cette formule fournit en français moderne, on l'a vu, une solution possible au problème posé par le blocage interdisant les séquence 'Préposition + *que*' : d'où les complétives indirectes en *de ce que P, à ce que P*.

Mais pourquoi recourir à une expression complexe quand il existe un moyen simple disponible et que les deux sont équivalents ? Nous avons exposé ailleurs (Le Goffic 2005) la problématique générale de la relation entre *que* et *ce qu-* : à la base se trouve le nécessaire constat de carence concernant le pronom non humain du français, carence manifestée par exemple dans l'impossibilité de traduire par un pronom simple le *what* de l'anglais *What makes you think so ?* ou *Do what you want*. Cette carence trouve son palliatif fondamental dans le recours à la forme complexe *ce qui* ou *ce que* (formée du pronom démonstratif *ce* suivi du pronom relatif sujet ou régime, le tout étant équivalent au seul pronom interrogatif et/ou subordonnant non relatif) : *Qu'est-ce qui te fait penser ça ?* (c'est-à-dire, par une interrogation au 2ème degré, 'quoi est ce qui te fait penser ça ?' : faute de pouvoir interroger directement sur la chose, on interroge sur 'ce que la chose est'), *Fais ce que tu veux*. Quant aux raisons de cet état de fait, force est de reconnaître qu'elles n'apparaissent pas clairement : le problème a manifestement à voir avec la dualité du pronom (la variation *que / quoi* ; cf. Lefeuvre, sous presse), dont on peut admettre qu'elle soit source de difficultés et de trouble dans le système, et sans doute avec la multiplicité des 'que', mais pour autant aucune ligne d'explication claire et convaincante n'a été dégagée à ce jour à notre connaissance.

Quoi qu'il en soit, les complétives en *ce que P* fournissent la solution alternative et complémentaire rendue nécessaire par les blocages du système. On notera en passant qu'elles ont connu dans l'histoire du français une extension beaucoup plus grande que celle qu'elles ont en français contemporain. On trouve par exemple chez des auteurs classiques comme Pascal des complétives en *ce que P* utilisées dans des fonctions directes (du type sujet), en dehors de toute rection prépositionnelle :

Ce que je te le dis est un signe que je te veux guérir.

mais ce genre d'énoncés est totalement hors d'usage aujourd'hui, et déconcerte le lecteur moderne (qui recourrait à *le fait que P*).

(Incidemment, on peut relever un cas d'ellipse patente derrière un *ce que*, non complétif il est vrai, et dans une expression figée : *pour valoir ce que [est] de droit.*)

2.3. À la marge : complétives nominales en *Que N*

Jusqu'ici, nous avons, avec la tradition, restreint notre champ à l'examen des structures en *que P* (ou *ce que P*) : la complétive est, classiquement, une question de P (structure de phrase) nominalisée. Il existe cependant des structures où la nominalisation réalisée par *que* s'applique non plus à P ('*(ce) que P est*') mais à un nom ('*ce que N est*'), – ce qui n'a rien de baroque ni d'incongru. C'est le cas dans des exemples tels que :

Triste route que cette route des Flandres !

La tradition, peu loquace sur ce genre d'exemples, se borne le plus souvent à relever le caractère 'explétif' de '*que*' dans ces constructions. Notre analyse du *que* complétif (intégratif ou relatif) capte adéquatement, nous semble-t-il, ce que cet énoncé a de spécifique, à savoir le fait qu'il attribue certes le fait d'être une triste route à la route des Flandres en question, mais de façon médiate : est déclaré être *triste route* non pas directement la route des Flandres, mais '*(ce) que la route des Flandres [est]*'. Notre analyse de la subordination complétive *que P* est donc entièrement transposable : seul le contenu de la nominalisation diffère (N au lieu de P), mais c'est non pertinent au regard de l'opération même par laquelle un terme, quel qu'il soit, est nominalisé de cette façon ; la différence n'affecte que l'ingrédient subsumé dans la variable 'ce que X (X = P, ou N, peu importe) est'. Quant au caractère 'explétif' du *que*, il n'est que la conséquence de l'équivalence stricte entre 'N' et '(ce) que N (est)', au plan sémantique et aussi au plan syntaxique : les deux, étant des formations nominales, ont les mêmes conditions d'emploi (ce qui n'était pas le cas de 'P' en face de 'que P').

Voici d'autres exemples, en phrase nominale, ou en phrase verbale (avec *c'est*) – que la prédication centrale de l'énoncé soit nominale ou verbale est extérieur au problème considéré ici et n'affecte en rien notre analyse :

Chose étrange que cet aveuglement !
Drôle de croyance que la métempsycose !
La douce chose que d'aimer ! (avec nominalisation d'un infinitif)
C'est une chose étrange que cet aveuglement !
C'est une douce chose que d'aimer !

On peut y ajouter le tour figé *Si j'étais que vous,...* ou *Si j'étais que de vous, ...* qui ne peut s'analyser et se comprendre que comme 'si j'étais ce que vous [êtes], 'si j'étais ce que [il en est] de vous', c'est-à-dire avec une nominalisation de *vous* ou *de vous*.

La même analyse vaut pour des exemples interrogatifs tels que :

Qu'est-ce que cela ?
Qu'est-ce que la métempsycose ?
Qu'est-ce donc que tout ce bruit ?

On a déjà fait rapidement allusion ci-dessus au fait que l'interrogation (sur le 'non humain') qui serait théoriquement 'normale' est impossible (**Quoi est la métempsycose ?*) ou peu usuelle (? *Qu'est la métempsycose ?*), ce qui est une particularité du français (comparer avec *What is metempsycosis ?*, exempt de difficulté), d'où le recours à une interrogation au 2ème degré, passant par la nominalisation du terme interrogé (*Qu'est-ce que la métempsycose ?* = 'quoi est ce que la métempsycose [est] ?'). On notera à nouveau le caractère incontournable de la restitution d'une ellipse de la copule.

La langue parlée utilise même couramment un tour comportant encore un cran supplémentaire d'identification, et formant une interrogation au 3ème degré :

Qu'est-ce que c'est que ça ? (*que ce truc-là ?, que la métempsycose ?*)
= « ($_1$quoi est ($_2$ce que est ($_3$ce que ça [est]$_3$)$_2$) ?$_1$) »,

énoncé aussi naturel à produire que laborieux à étiqueter : illustration parfaite de la facilité du recours à la nominalisation par une variable en français, récursivement, avec ou sans copule explicite.

Un point est toutefois resté dans l'ombre dans notre analyse des complétives nominales : le *que* complétif de nos exemples est-il intégratif (autarcique) ou relatif (avec antécédent) ? La réponse immédiate ne peut être que la suivante : il s'agit du *que* intégratif, nominalisant N par '(ce) que N [est]', sans qu'il y ait rien d'autre à considérer, mais, à regarder le détail des exemples, les choses apparaissent moins claires. On retombe sur une difficulté d'analyse qui est la même que dans les clivées. La mise en regard des deux exemples suivants met en évidence que le tour à complétive nominale elliptique est d'une certaine façon une forme de clivage :

c'est	*Marie*	*que*	*je*	*vois*	(clivage)
c'est	*une chose terrible*	*que*	*cette fin tragique*	*[est]*.	

Dans les deux cas se trouve posée la question de savoir si le *que* subordonnant a ou n'a pas un antécédent dans le terme focalisé par *c'est* (*Marie*, ou *une chose terrible*, respectivement). Nous ne trancherons pas ici la question : l'opérateur de clivage (et de nos complétives nominales correspondantes) semble bien participer à la fois de l'intégratif autarcique et du relatif, selon une formule dont le détail reste encore à dégager.

Relevons en dernier lieu une ambiguïté (ambiguïté d'analyse, dont l'enjeu interprétatif n'est pas considérable) qui affecte les énoncés tels que

C'est une chose terrible (,) qu' il en soit arrivé là !

La complétive finale peut s'interpréter comme un simple terme disloqué à droite, selon le paradigme suivant :

C'est une chose terrible,   *cette fin tragique !*
C'est une chose terrible,   *qu'il en soit arrivé là !*

mais il peut s'agir également d'une nominalisation de la complétive elle-même (c'est-à-dire une nominalisation de 'P' au 2ème degré !), le paradigme étant alors le suivant :

C'est une chose terrible que   *cette fin tragique !*
*C'est une chose terrible que   *qu'il en soit arrivé là !*

énoncé inacceptable, mais susceptible de réduction par haplologie :

C'est une chose terrible qu'il en soit arrivé là !

Si cette analyse est exacte, elle montre une fois de plus l'extension de l'opération de nominalisation par *que*.

3. TABLEAU D'ENSEMBLE DES COMPLÉTIVES DU FRANÇAIS

Nous pouvons maintenant présenter un tableau plus large et plus complet des complétives en français, très au-delà de *je crois que P*, mais néanmoins restreint, en suivant la tradition, aux nominalisations de P. La présentation ci-dessous en 2 colonnes (complétives en *que* / en *ce que*) ne doit pas occulter le fait que les complétives en *ce que* (comme on l'a vu au § 2.2.2.) sont en fait et d'une certaine façon des complétives en *que* derrière antécédent (pro)nominal.

Élément régissant :	Complétive en *que P*	Complétive en *ce que P*
	croire (dire, vouloir) que P	
	s'apercevoir [*de] que P	(s'apercevoir de ce que P)
	informer [*de] que P	informer de ce que P
	se rendre compte [*de] que P	se rendre compte de ce que P
Verbe (+/– Prép)	réfléchir [*à] que P	réfléchir à ce que P
	faire attention [*à] que P	faire attention à ce que P
		tenir à ce que P
		se résigner à ce que P
Adjectif (+/– Prép)	certain [*de] que P	(certain de ce que P)
	heureux [*de] que P	(heureux de ce que P)
		prêt à ce que P

Élément régissant :	Complétive en *que P*	Complétive en *ce que P*
Adverbe (+/− Prép)	loin [*de] que P	(loin de ce que P)
		indépendamment de ce que P
	bien que P encore que P non que P	
Nom (+/− Prép)	le fait que P cette particularité que P ceci (de très curieux) que P	
	l'idée [*de] que P la crainte (le besoin) [*de] que P des terreurs comme celle [*de] que P	(?) la crainte de ce que P
	de peur [*de] que P	de peur de ce que P
	à mesure [*de] que P a/fin [*de] que P	
Préposition (autonome)		à (de, sur, en) ce que P par/ce que P
	pour (sans) que P avant (après) que P pendant (dès) que P	[obsolète]
complétive sujet, séquence, ou non régie	que P est heureux que P, ça surprend	[obsolète]
	(il est) difficile que P c'est difficile que P	
	heureusement que P !	

Figurent dans ce tableau quelques échantillons de constructions complétives qui appelleraient évidemment des développements propres : en particulier derrière des prépositions autonomes. Voici quelques exemples :

On l'a reconnu à ce qu'il portait un chapeau gris
De ce que les hommes parlent différentes langues, on ne saurait conclure que...
Par/ /ce que P...

Ni le figement graphique, ni l'infléchissement sémantique du sens de la préposition, ni la tradition grammaticale (qui parle de 'locutions conjonctives') ne doivent oblitérer la formation, qui reste massivement 'Prép + complétive'. Mais la répartition entre 'Prép + *que P*' (inattendu d'après tout ce qui a été dit précédemment) et 'Prép + *ce que P*' soulève de nombreux problèmes, en synchronie comme en diachronie. Pourquoi par exemple le français a-t-il abandonné *pour ce que P* au profit de *pour que P / parce que P* ? (Cf. Combettes, sous presse). Dans certains cas (limités), il est vrai qu'on peut hésiter sur la nature de la subordonnée, par exemple pour *avant que P* et *après que P* : alors que l'ancien français opposait clairement *avant que P* (structure comparative) et *avant ce que P* (structure complétive), le français moderne n'a plus que *avant que P*, mais quel est son statut ?

L'origine complétive semble également assurée (même si elle peut paraître moins évidente) dans d'autres séries de 'locutions conjonctives' telles que *bien que, encore que, déjà que, même que, non que* :

> *Il a fait ça, bien que je lui aie dit de ne pas le faire* = « il a fait ça; bien est (= c'est bien le cas [pourtant]) que je lui ai(e) dit de ne pas le faire »

De même encore, on peut légitimement conjecturer que les complétives sont au point de départ des structures averbales du type :

> *Heureusement (,) qu'il a fait beau !* = « heureusement [est] que P » (« que P » = sujet)
> *Vivement qu'il finisse !* = « vivement [soit] que P » (cf. *vivement la fin !*).

CONCLUSION

Au total, si les hypothèses développées ci-dessus sont exactes, nous pensons avoir montré que le *que* complétif est un pronom neutre, instrument d'une opération abstraite de nominalisation. Il n'est donc pas 'vide' comme le dit toute la tradition grammaticale et linguistique, et il n'y a pas de 'conjonction pure' ou de 'connecteur pur' : la fonction de connexion n'est pas exclusive d'une appartenance catégorielle et d'une fonction (elle en est peut-être même inséparable). Le *que* complétif a une fonction (attribut) dans l'ensemble subordinatif qu'il introduit, ensemble dans lequel la structure 'P' (à laquelle *que* reste extérieur) est sujet, la copule restant sous-jacente sans perdre son efficience.

Plusieurs questions restent néanmoins encore sans réponse suffisamment satisfaisante, parmi lesquelles :

3. Pourquoi le *que* pronom complétif intégratif est-il en usage à ce titre, alors qu'il ne connaît pas (ni par lui-même, ni sous la forme forte de *quoi*) les emplois intégratifs 'ordinaires', dans lesquels il est nécessairement suppléé par *ce qu-* (*Fais ce que tu veux*) ?

4. Pourquoi la jointure problématique 'Prép + complétive' trouve-t-elle sa solution dans le recours à 'Prép + *ce que*' et non à 'Prép + *quoi*' ?

5. Comment et dans quelle mesure le *que* complétif est-il susceptible de se diluer dans une forme quelconque de neutralisation ou de syncrétisme des différents *que* ?

Pour autant, nous pensons que les hypothèses présentées ici conviennent à ce que sont en propre les mécanismes de la nominalisation complétive : le pronom *que* porte la distance métalinguistique entre 'P' et son image, stockée dans une variable, et devenue manipulable *ad libitum*. Par là même, *que*, sous ses deux réalisations de complétif intégratif et de complétif relatif, se montre conforme au modèle général des termes en *qu-*.

Références

COMBETTES B. (2007), « La formation des locutions conjonctives temporelles : l'opposition *que / ce que* en moyen français », *Lexique* 18 (*Les Mots en qu- du français*, Le Goffic éd.)
CULIOLI A. (1990, 1999), *Pour une linguistique de l'énonciation*, Paris, Ophrys

DAMOURETTE J. & E. PICHON (1911-1940), *Des mots à la pensée, Essai de grammaire de la langue française*, Paris, D'Artrey

LE GOFFIC P. (1992), *Que en français : essai de vue d'ensemble, in Travaux Linguistiques du Cerlico*, 5 (*Subordination*), Rennes, Presses Universitaires de Rennes 2, 43-71

LE GOFFIC P. (1993, 2004), *Grammaire de la phrase française*, Paris, Hachette

LE GOFFIC P. (2000), « Subordination et connecteurs : quelques propositions à partir de l'*Essai de Grammaire Française* de Damourette et Pichon », *Syntaxe et Sémantique*, 1, Presses Universitaires de Caen, 17-37

LE GOFFIC P. (2002), « Marqueurs d'interrogation – indéfinition – subordination : essai de vue d'ensemble », *Verbum* XXIV, 4, 315-340

LE GOFFIC P. (2005), « *Ce qui, ce que* : C.Q.F.D. », *Pratiques*, 125-126, 25-47

LE GOFFIC P. (2007), « Les mots *Qu-* entre interrogation, indéfinition et subordination : quelques repères », *Lexique* 18 (*Les Mots en qu- du français*, Le Goffic éd.)

LEFEUVRE F. (2007) : « Les pronoms *que* et *quoi* en fonction de complément essentiel direct, attribut ou séquence », *Lexique* 18 (*Les Mots en qu- du français*, Le Goffic éd.), 137-164

MULLER C. (1996), *La Subordination en français*, Paris, Armand Colin

PIERRARD M. (1998), « Proformes indéfinies et prédication complexe », Forsgren M., Jonasson K., Kronning H. (éds.), *Prédication, assertion*, Uppsala, Acta Universitatis Upsaliensis, 424-432

Michel Pierrard
Vrije Universiteit Brussel

Que dans les comparatives équatives : une proforme indéfinie ?

La présente étude vise à contribuer à la caractérisation du statut de l'élément *que* dans les tours équatifs[1], représentés par les énoncés (1) et (2) :

(1)   a)   Robert est aussi intelligent que Maria.
            b)   Robert réagit aussi impulsivement envers ses étudiants qu'envers ses collègues.

(2)   a)   Robert boit autant qu'il mange.
            b)   Le voyage du président a mobilisé autant de policiers que de journalistes.

Cet emploi de *que* semble se situer aux limites des lectures déjà largement décrites de la proforme indéfinie (PI) dans les interrogatives ou relatives et il ne va pas de soi non plus de l'assimiler d'office au fonctionnement de la conjonction. La position à l'intersection des domaines des PI et de la conjonction est d'autant plus intéressante à approfondir que le tour équatif révèle une proximité sémantique et syntaxique avec les similatives introduites par la PI *comme* (3). L'introducteur complexe *aussi/autant que* se retrouve également sous une forme analogue dans les consécutives en *si/tant que* (4), où le *que* est traditionnellement appréhendé comme une conjonction (Riegel 1998 : 514 ; Wilmet 2003 : § 681[2]) :

(3)   a)   Robert chante comme un vrai professionnel.
            b)   Il mange comme tu bois

(4)   a)   Robert est si grand qu'il doit se baisser pour danser avec Maria.
            b)   Robert boit tant qu'il a dû être hospitalisé.

---

1. La notions d'identité « équative » et celle, évoquée ci-dessous, d'identité « similative » sont reprises à Haspelmath & Bucholz (1998).

2. Muller 1996a : 154-155 conteste toutefois cette analyse.

Par ailleurs, d'un point de vue diachronique, la comparaison d'égalité a connu des bouleversements importants qui ont profondément modifié sa structure. On ne s'étonnera donc pas que le statut du *que* équatif soit fort discuté (cf. Muller 1996b : 243) : s'agit-il de la conjonction 'universelle' *que* ou plutôt d'une forme analogique, alignée sur le *que* d'inégalité ? La présence d'un élément vide en subordonnée et d'un antécédent récupérable en principale a amené à considérer *que* comme un relatif (Milner 1973) et Muller (1996a ; 1996b) y voit une forme réduite de *comme*, remplacée par la conjonction *que* lorsque le verbe est à un temps fini : « Le terme QU- *comme* peut avoir la forme *que* en position QU- (exclamative, certaines constructions comparatives à antécédent) ; la suite (QU- : que (C : que)) se résout en français moderne au profit de la conjonction « accordée » dans les constructions à temps fini » (1996b : 245).

Nous voulons réexaminer la question en situant le fonctionnement du *que* équatif par rapport aux diverses propriétés associées aux formes identifiables comme des PI. En prenant comme point de départ la caractérisation définitoire générale suivante des PI,

> « Les PI sont des symboles incomplets qui ne prennent une signification particulière qu'à travers un apport matériel externe »

Pierrard et Léard (2006 : 501) observent que, lorsque ces proformes se situent au croisement de deux prédications, l'apport contextuel particulier, nécessaire pour interpréter l'emploi référentiel de *qu-*, sera fourni par la structure prédicative au sein de laquelle la PI fonctionne (dorénavant *préd2*) mais aussi par la prédication à laquelle la PI connecte préd2 (soit *préd1*). En conséquence, la spécification du statut du *que* équatif passera par la détermination de son rôle fonctionnel intraprédicationnel (au sein de préd2) et extraprédicationnel (par rapport à préd1).

I. RÔLE INTRAPRÉDICATIONNEL DE *QUE* ÉQUATIF

I.I. Types de rôles intraprédicationnels

Lorsqu'on prend en considération le fonctionnement des PI au sein de préd2, trois types de rôles fonctionnels seront traditionnellement répertoriés (cf. Muller 1996a : 40-41, 44 ; 1996b : 244) :

a) les formes *qu-* expriment d'abord une valeur référentielle propre, comme dans les énoncés suivants (5a-b : [+/– animé]) :

(5)   a) *Qui* viendra ? / Je me demande *qui* viendra
        b) Je pense à *quoi* tu penses

b) elles se limitent dans d'autres cas à expliciter simplement une position fonctionnelle ([sujet], [objet]) dans la structure argumentale de préd2 sans toutefois avoir une valeur référentielle autonome (5c-d) :

        c) L'homme qui t'a été présenté est un ami de mon père
        d) L'homme que nous avons rencontré est un ami de mon père

c) enfin, elle peuvent simplement jouer le rôle d'un translateur, c.-à-d. d'un élément soumettant préd2 à une opération de recatégorisation, ce qui lui permet de remplir une position catégorielle dans une autre prédication ou à un élément de celle-ci (5e-f). La conjonction *que* est alors une sorte de déterminant du verbe tensé car « il est nécessaire de donner au verbe argument une allure acceptable, d'en faire un « terme » pour une autre phrase » (Muller 1996a : 10) :

> e) Le fait qu'il ne vienne pas ne me gêne pas trop
> f) Je sais qu'il ne viendra pas

Notons que ces propriétés ne s'excluent pas nécessairement dans le sens où les rôles (a) ou (b) peuvent, par exemple, impliquer (c). À partir de ces rôles, nous distinguerons donc des proformes *autonomes, réduites* ou *translatives* :

Tableau 1 : Propriétés des rôles intraprédicationnels

	Propriété référentielle	Position fonctionnelle	Opérateur de recatég.
Que translateur	−	−	+
Qu- réduit	−	+	+
Qu- autonome	+	+	(+)

Nous confronterons *que* équatif aux propriétés des divers types de PI afin d'identifier son rôle fonctionnel intraprédicationnel. Les propriétés seront considérées selon leur ordre d'apparition dans le tableau 1.

1.2. *Que* équatif et *que* translateur.

Le rôle de translation génère une série de caractéristiques basiques qui contraignent le fonctionnement de la 'conjonction' *que*.

1.2.1. Contraintes découlant de sa fonction « nominalisatrice du verbe tensé » (cf. Muller 1996a : 16-17).

Que translatif ne peut fonctionner dans des constructions réduites ou elliptiques (6a) ; il est exclu avec une forme non tensée du verbe (6b). Contrairement aux translateurs purs, *que* équatif fonctionne essentiellement dans des tours réduits sans prédicats (6c) et permet d'autres formes du verbe, telles des infinitives (6d) :

(6) a) Je trouve que la nouvelle est importante/ *Je trouve que la nouvelle importante.
b) Je pense que je viendrai demain/ *Je pense que venir demain.
c) Robert donne aussi fréquemment des bonbons à Maria que des fleurs à Jeanne.
d) Il va aussi souvent voir un film qu'assister à un concert.
e) Robert est aussi intelligent que Maria est belle.

Le tour équatif réduit en fait souvent l'énoncé à l'expression du comparande initial, du repère et de l'étalon, sans reprise des éléments redondants ; il est donc beaucoup plus rare qu'il connecte deux prédications complètes (6e). Or cette tendance à la réduction apparaît aussi dans d'autres formes identifiées comme des PI (cf. *infra*, § 1.4.) ; en particulier, les structures réduites de type équatif sont toutes possibles avec le similatif *comme* :

(7) a) Robert promet des bonbons à Maria comme des fleurs à Jeanne.

b) Il met de l'argent de côté pour aller faire du ski comme pour assister à des concerts.

1.2.2. Contraintes découlant de sa fonction de « déterminant » du verbe tensé (*Ibid.*).

Lorsque l'argument n'est pas un verbe tensé à nominaliser, *que* translateur n'est tout simplement plus possible (8a-b). Par contre, *que* équatif se combine couramment avec des GN / GP (8c-d) :

(8) a) L'idée qu'il arrivera bientôt la terrorise/ *L'idée que son arrivée prochaine la terrorise.

b) Il souhaite que tu partes/ Il souhaite *que ton départ.

(1) a) Robert est aussi intelligent que Maria.

b) Robert réagit aussi impulsivement envers ses étudiants qu'envers ses collègues.

Dans la même logique de fonctionnement, un pronom se substituera à l'ensemble constitué de préd2 et de son translateur puisque *que* est la tête fonctionnelle translatant la prédication régie (9a'-b'). Dans le segment introduit par *que* équatif, par contre, l'étalon sera pronominalisé indépendamment de *que* (9a''-b'') et ce dernier ne disparaît pas dans l'opération :

(9) a) Il souhaitait aussi intensément que tu peux le faire que Jean réussisse ses examens.

a') {Il souhaitait **cela** aussi intensément que tu peux le faire/ *Il souhaitait **que cela** aussi intensément que tu peux le faire}.

a'') {Il souhaitait aussi intensément **que cela** que Jean réussisse ses examens/ *Il souhaitait aussi intensément **cela** que Jean réussisse ses examens}.

b) Il était aussi content que toi que ton fils ait réussi ses examens.

b') {Il était aussi content **de cela** que toi/ *Il était aussi content que toi **que cela**}.

b'') {Il n'était pas aussi content **que ça** que ton fils ait réussi ses examens/ *Il n'était pas aussi content **ça** que ton fils ait réussi ses examens}.

L'impossibilité de substituer un nom, un pronom ou un infinitif à *que* X, dans le cas des tours équatifs (10c-d), contrairement aux tours translatifs (10a-b), tend à confirmer le rôle non translateur de *que* équatif :

(10) a) Je pense que je viendrai demain/ Je pense venir demain/ Je pense ceci, que je viendrai demain

b) Il est content que tu arrives/ Il est content d'arriver/ Il est content de ceci, que tu arrives.

c) Robert est aussi intelligent qu'il est fort/ *Robert est aussi intelligent d'être fort/ *Robert est aussi intelligent { de sa force ; (de)ceci, qu'il est fort}.

d) Robert boit autant qu'il mange/ *Robert boit autant de manger/ *Robert boit autant {de son repas ; (de) ceci, qu'il mange}

1.2.3. L'approche historique enfin plaide également en défaveur d'une assimilation de l'équatif au translatif. Il existe en effet en ancien français des énoncés générant successivement le *que* équatif et le (*ce*) *que* translatif, ce qui confirmerait que l'équatif, au moins à l'origine, n'avait pas de fonction translative :

(11)   a) Et nous sera li honneurs cent fois plus grande que ce que nous euissions le confort des Anglois. (Froissart ; Grevisse-Goosse 1991 : 604)

   b) Il amoit mieux mourir bons crestiens que ce que il vesquist ou [= dans le] courrous Dieu et sa Mere. (Joinville ; Grevisse-Goosse 1991 : 1562)

Un phénomène similaire, la combinaison de *que* équatif avec un *de* 'translateur', peut être observé avec les infinitives et est toujours productif en français moderne :

   c) Autant faire cela sur-le-champ que de différer. (Ac. ; Grevisse-Goosse 1991 : 1643)

   d) Partir et te quitter est aussi dur que de rester dans cette atmosphère de tension.

1.3. *Que* équatif et *qu*- réduit.

Voir en *que* équatif un relatif réduit, qui occupe une position de clitique dans la structure argumentale de la préd2 et qui fonctionne en reprise sémantique d'un antécédent, semble une idée attrayante pour fonder son interprétation. Milner (1973 ; 1978) a déjà avancé l'idée que le *que* des comparatives différerait du *que* des consécutives par le fait qu'il contiendrait une catégorie lexicale (A' ou Quantité). Ainsi, l'énoncé (12a) correspondrait à des paraphrases de type (12b) et à la représentation (12c) qui met en évidence la position fonctionnelle et la reprise anaphorique par *que* équatif :

(12)   a) Paul est aussi intelligent que Jean.

   b) /Paul est intelligent à ce degré auquel Jean est intelligent (c.-à-d. le même degré)/

   c) Paul est aussi$_i$ intelligent (comme$_i$ (que$_c$ (Jean est e$_i$ intelligent)))

La PI, appréhendée comme une forme réduite de *comme* (Muller 1996b : 244-245), occuperait dans la préd2 la position fonctionnelle d'argument du N extrait et ne disposerait d'aucune autonomie sémantique.

1.3.1. Voir en *que* équatif une forme réduite implique nécessairement tout d'abord de lui attribuer des propriétés de translateur : « elles [les formes réduites] cumulent le rôle de la « conjonction » (annoncer la dépendance du verbe fini) et celui d'un argument du verbe subordonné » (Muller 1996b : 244). Or, nous avons montré dans le point précédent (§ 1.2.) qu'il ne fonctionnait pas comme un « déterminant du verbe tensé », selon Muller 1996a : 16-17).

1.3.2. Appréhender le *que* équatif comme un clitique de reprise pose aussi problème en ce qui concerne les deux propriétés évoquées de la forme réduite : a) un clitique implique par définition la présence explicite d'une forme verbale (13a) et l'impossibilité d'être combiné avec un infinitif (13b), ce qui n'est pas le cas pour le *que* équatif :

(6)   c)   Robert donne aussi fréquemment des bonbons à Maria que des fleurs à Jeanne

          d)   Il va aussi souvent voir un film qu'assister à un concert.

(13)   a)   *Les fleurs que Robert à Jeanne sont belles/ *Robert donne des fleurs qui belles.

        b)   *Le film que Robert aller voir/ *Robert signale le film qu'il aller voir.

b) d'autre part, le clitique relatif est caractérisé par une absence d'autonomie sémantique, liée au fait qu'il représente une position fonctionnelle d'un élément extrait (14). Or, voir en *que* dans 1a-a' la simple représentation de la source *aussi* aboutirait à l'expression absurde d'une double égalité (cf. (1a') : Robert est intelligent à un degré identique au degré identique de Maria).

(14)   l'homme/ le livre qui ; l'homme/ le livre que ; le cas où

(1)   a)   Robert est aussi intelligent que Maria.

       a')   / ??Robert est intelligent à un degré identique au degré identique de Maria/

De toute façon, l'interprétation par reprise anaphorique d'une source oblige à séparer le traitement des équatives des comparatives d'inégalité :

(15)   a)   J'ai {autant, plus, moins de} souvenirs que toi.

         [???J'ai une quantité de souvenirs égale/supérieure/inférieure à la quantité de souvenirs identique/égale/supérieure/inférieure que tu as]

     b)   Il prépare les pizzas aussi/plus/moins vite que les omelettes.

         [???Il prépare les pizzas à un degré de vitesse égal/supérieur/inférieur au degré de vitesse égal/supérieur/inférieur avec lequel il prépare les omelettes]

Qu'une certaine forme de dépendance existe entre *que* et le premier composant du marqueur (*aussi/ plus/ moins*) est indéniable, nous y reviendrons, mais il ne peut être saisi en termes de simple représentation d'une source, comme c'est le cas pour les relatifs réduits.

1.3.3. L'hypothèse de l'assimilation de *que* comparatif à la forme clitique de *comme* (Muller 1996b : 244-245) mène à un rapprochement séduisant entre les deux formes mais pose également toute une série de problèmes. Exposons brièvement quelles objections pourraient être formulées à une telle identification :

(16)   a)   Il est riche comme l'était son père.

        b)   Il est aussi riche que l'était son père

a) sur un plan morpho-syntaxique, les énoncés comparatifs 16a et 16b suggèrent par leur structure (comparande *il* – repère *riche* – étalon *père*) une correspondance entre *comme* et l'ensemble *aussi + que*, plutôt qu'un rapprochement *comme/que*. Il faudrait alors analyser leurs rapports comme une variation entre marqueurs synthétique et analytique plutôt qu'entre formes autonome et clitique ;

b) au niveau sémantique, l'identification sémantique entre les deux marqueurs introduit la confusion entre la similativité (*comme = ainsi que* : *il est riche, ainsi que son père l'était*) dans 16a et l'équativité (*aussi que = même degré*) dans 16b, mais aussi d'autres lectures (*plus/moins que* ; *ainsi/tel que*) ;

c) le point de vue historique (Pierrard 2002) montre plutôt le passage de l'ancien tour *si/tant… com* vers la construction *aussi/autant… que*, soit le glissement du marquage combiné [haut degré + similarité de degré] vers un marquage [égalité de degré + limitation du champs de l'égalité à la quantité/intensité exprimée par l'étalon], qui indique plutôt une réanalyse de *que* dans le cadre du système de la comparaison vers un réalignement de son rôle sur celui qu'il remplit dans les tours indiquant l'inégalité.

Bref, l'équatif ne remplit pas de rôle translateur, il ne demande pas la présence explicite d'une forme verbale finie et il ne peut être réduit à une représentation fonctionnelle d'une source. Voilà qui ne plaide guère en faveur de son appréhension en tant que forme réduite d'une PI en général, de *comme* en particulier.

1.4. *Que* équatif et *qu-* autonome.

Diverses caractéristiques rapprochent l'équatif des PI autonomes :

– tout comme l'équatif (17c) et contrairement au translateur ou au clitique (17d-e), les PI autonomes permettent des constructions avec un infinitif (17a-b ; cf. Muller 1996a) :

(17) a) Je ne sais que dire/Je sais qui interroger
      b) Je sais quoi/où/comment/quand chercher
      c) Partir est aussi dur que rester.
      d) *L'homme qui t'/ que avoir rencontré hier soir était un truand.
      e) *Je pense que venir à la maison.

– en dehors d'un contexte communicatif spécifique, *que* clitique ou translatif accepte mal la réduction du prédicat de préd2 aux auxiliaires modaux (18f-g). Par contre, comme l'équative (18e) ainsi que la combinaison de prédicats au moyen de PI autonomes (18a-d) présentent souvent des prédications symétriques, une telle réduction y est fréquente :

(18) a) Amenez qui vous voulez (amener)
      b) Il dort où et quand il peut (dormir)
      c) Il parle de quoi il peut (parler)
      d) Il aide comme il peut (aider)
      e) Il crie aussi fort qu'il peut (crier)
      f) ??Donnez donc le livre que vous pouvez (donner)
      g) Il dit qu'il peut (*dire)

1.4.1. Reconsidérons donc l'interprétation « relative » de Milner 1978 (et de Muller 1996b). Le rejet de l'hypothèse d'un *que* « relatif clitique » représentant l'antécédent extrait ne signifie pas pour autant que l'équatif *que* ne corresponde pas à une catégorie lexicale (A' ou Quantité). Cette analyse est confirmée par les propriétés relevées ci-dessus et d'autres indices plaident en faveur d'un rôle d'adverbe scalaire pour le *que* équatif :

a) Lorsque l'égalité porte sur la quantité Q (*autant*), les comparandes seront des GPrép en *de*, complément du quantifieur. Or de tels GPrép ne fonctionnent pas sans Q (19a). Si les énoncés (19b-c) sont malgré tout grammaticaux, on peut supposer que c'est précisément parce que *que* équatif a repris

le rôle de Q, tête du GN en *de* (cf. Muller 1996a : 90). La même argumentation sera avancée pour expliquer la pronominalisation du complément du
quantifieur par *en* dans l'exemple (19d) :

(19) a) *Il mange beaucoup de salade ainsi que de fromage.
       b) Il mange autant de salade que de fromage.
       c) Marie a écrit autant de romans que Zoé a tourné de films.
       d) Pierre a bu plus/autant d'alcool qu'il (ne) peut en supporter (= Il peut
       en supporter Q {plus, moins, autant, beaucoup, une quantité quelconque})

b) La construction en *tel que* est ambiguë et la distinction entre lecture consécutive (20a''-b'') ou comparative (20a'-b') dépendra des propriétés attribuées à
que : c'est son identification comme PI scalaire autonome (exprimant le
degré) et non pas comme connecteur qui permettra d'inférer l'interprétation
comparative (cf. Allaire 1982 ; Muller 1996a : 91) :

(20) a) Efforçons-nous d'être tels qu'ils nous eussent voulus (d'après Monther-
       lant ; Grevisse-Goosse 1991 : 986)
       a') /d'être d'une qualité identique à la qualité qu'ils auraient voulu qu'on
       ait/
       a'') /d'être d'une telle qualité qu'ils (de sorte qu'ils) nous auraient voulu/
       b) Il est tel qu'on imagine un PDG
       b') /d'une qualité telle à ce qu'est la qualité attribuée normalement à un
       PDG/
       b'') /d'une telle qualité qu'on (de sorte qu'on) pense qu'il est un PDG/

L'interprétation de l'énoncé (12) sera alors revue de la manière suivante, en
concordance avec les observations de (19) et de (20a'-b') :

(12) a) Paul est aussi intelligent que Jean
       b') /Paul est intelligent à un degré égal au degré d'intelligence de Jean/
       b'') /Jean est intelligent à un degré quelconque ; Paul l'est au même degré/

1.4.2. Le rapprochement entre *que* équatif et les PI autonomes est fortement
corroboré par le fonctionnement du *que* exclamatif (21a) qui exprime également
le (haut) degré (cf. Pierrard & Léard 2004). Celui-ci présente un fonctionnement
parallèle à celui des PI autonomes ; il permet par exemple la construction avec
un GPrép en *de* (21b) :

(21) a) Que d'eau ! / Que de malheurs il subit depuis deux ans !
       b) Qui d'autre fera le travail /Que fera-t-il d'autre ? / À quoi d'autre peut-
       il penser/ Où d'autre peut-il se cacher ?

Par ailleurs, à l'instar du *que* équatif qui connaît un emploi intensif (16b : *Il
est aussi riche que l'était son père*) et quantitatif (19b : *il mange autant de salade que
de fromage*), *que* exclamatif connaît lui aussi deux emplois :

(22) a) {Comme / Que} c'est beau !
       b) {Comme / Que} tu t'exprimes bizarrement !
       c) {*Comme / Que / Tant / Plus} d'eau! / {*Comme / Que /Tant / Plein
       / Moins} de gens sont venus! / {*Comme / Que} de gens il rencontre
       chaque jour!/ {Que / combien} de fois les petits bergers avaient fait cela !
       d) {*Comme / Que / combien}différente fut cette rentrée de celle de lundi
       (Pergaud ; Grevisse-Goosse 1991 : 661)/ Et {*Comme / Que / combien} peu
       il y en a ! (Giono ; Grevisse-Goosse 1991 : 661)

Que exclamatif porte sur un prédicat verbal ou adjectival (22a-b) et introduit des énoncés. Il est /+ intensité/ et sera alors en concurrence avec *comme*. Il peut aussi porter spécifiquement sur un GN (22c), voire un adjectif ou un adverbe (22d). Devant un GN, il se construit avec *de* (22c). Dans ces emplois, il est souvent /+Q/ et fonctionne en parallèle avec d'autres quantificateurs mais pas avec *comme* :

e) {*Comme / Que} tu as d'amis !
e') {Comme / Ce que} tu as des amis, toi !

Contrairement à *comme* qui ne pourra intensifier un nom objet non déplacé (et donc non adjacent) que si ce dernier a son propre quantifieur (23e'), *que* quantifiera directement ce nom (23e).

En conclusion, du point de vue de son rôle intraprédicationnel, *que* équatif semble disposer d'une autonomie plus large que les formes réduites. Il présente les propriétés d'une PI autonome mais non translatrice à valeur scalaire neutre. Reste à examiner comment sa caractérisation intraprédicationnelle sera conciliée avec son fonctionnement extraprédicationnel.

2. RÔLE EXTRAPRÉDICATIONNEL

2.1. Types de rôles extraprédicationnels

La jonction de prédications peut se réaliser au moyen de divers procédés se situant sur un continuum qui va de la juxtaposition à l'intégration (Lehmann 1988 ; Raible 1992 ; Koch 1995). Le rôle extraprédicationnel réfère précisément à leur contribution à la jonction de préd1 et préd2. Il implique une orientation vers préd1 qui peut se réaliser de différentes manières (cf. Pierrard 2005). De ce point de vue aussi, plusieurs types de rôles seront distingués :

a) Les PI remplissent dans certains tours en quelque sorte le rôle d'une 'tête catégorielle' et fournissent la base lexicale permettant de saturer une position fonctionnelle auprès de préd1 (23a-b) et de connecter ainsi par cosaturation préd2 à préd1. Dans ce type de rôle, l'apport de la PI auprès de préd1 est direct :

(23) a) J'aime qui tu aimes
      b) Il ment comme il respire

b) Les PI peuvent encore être des éléments de reprise anaphorique d'une source ; elles représentent donc un élément lexical occupant une position fonctionnelle dans préd1, et qui transmet ses propriétés lexicales à la PI (23c-d), assurant ainsi la connexion entre les prédications. L'impact de la PI sur préd1 est indirect :

(23) c) L'homme que tu as vu
      d) Le jour où tu es venu/ Le jour que tu es venu

c) enfin, la forme *que* se limite dans certains emplois à connecter préd2 à préd1 (24e-f) : « la conjonction permet l'insertion du verbe conjugué dans une posi-

tion argumentale qui est bien souvent caractérisée par ses propriétés pronominales » (Muller 1996a : 16). L'impact de *que* sur préd1 est très réduit :

    e) Je crois qu'il ne voudra pas venir.

    f) Donne-moi du tabac que je fume.

Nous combinons ces rôles extraprédicationnels avec les trois types de proformes que nous avons distingués dans le tableau suivant :

Tableau 2 : Propriétés des rôles intraprédicationnels

	Tête catégorielle	Reprise de source	Connexion
Que translateur	–	–	+
Qu- réduit	–	+	+
Qu- autonome	+	–	(+)

L'examen des propriétés se fera selon l'ordre adopté dans le tableau 2.

2.2. *Que* équatif, un simple connecteur ?

Le connecteur se trouve nécessairement en tête de prédication (cf. Milner
1978 : 353). Ceci caractérise à la fois la proforme translatrice (23e) mais aussi
la forme réduite (23c) ou autonome (23a). C'est aussi une propriété du *que*
équatif :

(2)   a) Robert boit autant qu'il mange.

(6)   e) Robert est aussi intelligent que Maria est belle.

Dans les énoncés ci-dessus, il porte respectivement sur le verbe *mange* (2a) et
l'adjectif *belle* (6e) mais reste en tête de prédication.

Cependant, cela ne veut pas dire qu'il fonctionne comme un connecteur pur,
et ceci pour plusieurs raisons. Tout d'abord, *que* équatif se présente sur le plan
intraprédicatif comme une PI autonome (cf. § 1.4.), contrairement aux connecteurs purs (23e-f). Ensuite, il fonctionne en coalescence avec un élément de
préd1 au sein d'un marqueur composé *aussi/autant que* : ainsi, il est indispensable au bon fonctionnement de l'équativité (24a) mais il ne peut exister lui-
même sans le composant initial (24b). La conjonction par contre n'est qu'un
connecteur qui n'est pas liée à un premier composant (25a) et se limite à joindre
un apport propositionnel complet à un support (25b) :

(24)   a) Il était aussi content que s'il avait gagné/ ??Il était aussi content s'il avait
gagné.
b) Il était aussi content que tu l'avais imaginé/ *Il était content que tu
l'avais imaginé.

(25)   a) Il était aussi content que toi que ton fils ait réussi ses examens.
a') *Il était content que toi/ Il était content que ton fils ait réussi ses
examens.
b) Il souhaite { que tu partes ; ton départ}/ Il est content {que tu partes ; de
ton départ}/ Il est arrivé après {ton départ ; que tu sois parti}.

En conséquence, alors que *que* équatif peut introduire n'importe quel GPrép, mais n'est jamais introduit par une préposition (25c), le translateur est introduit par une préposition (25b), voire la neutralise dans le cas de *à* et *de* (25d) :

> c) Il était aussi satisfait de son livre que de son disque (*de que son disque)..
>
> d) Il était satisfait (*de que) que tu avais sorti un disque.

2.3. *Que* équatif, un anaphorique de reprise d'une source ?

Interpréter le composant *que* comme un relatif, c'est-à-dire comme une reprise anaphorique d'une source située dans préd1, est tentant non seulement d'un point de vue structural mais également à partir de la typologie : « Relative-based equative constructions are by far the most widespread » (Haspelmath & Buchholz 1998 : 290). La base relative est fréquente dans de nombreuses langues européennes, en particulier des langues romanes, qui combinent souvent un démonstratif ou un intensif avec un relatif/ interrogatif (Haspelmath & Buchholz 1998 : 286 ; 292) :

> (26) a) A minha irmã é *tão* bonita *quanto* você (PORT)
>
>   b) La meva germana és *tan* bonica *com* tú (CAT)
>   [Ma soeur est aussi jolie que toi]

Comme nous l'avons déjà signalé au § 1.3.1., le français est passé de la séquence *si/ tant X comme* en ancien et en moyen français vers *au(tre)si/autant X que* en français classique et moderne (cf. Pierrard 1998 ; 2002), ce qui a permis l'alignement sur les systèmes de la comparaison de supériorité/ d'infériorité (*plus/ moins/ aussi* beau *que*). Cette évolution dans la composition du marqueur implique aussi des changements quant au rôle respectif de ses deux composants, le marqueur du repère (Mrep) et le marqueur de l'étalon (Metal) *que*.

2.3.1. Impact sur la valeur des deux composantes du marqueur d'égalité

La comparaison d'égalité n'a jamais fonctionné sur la base d'un mécanisme de reprise d'un antécédent, comme c'est le cas pour la construction relative. Elle trouve son origine dans l'expression du haut degré d'un élément de préd1, dont est affirmée la similarité avec un élément dans préd2. Dès le français classique, l'expression de l'identité est transférée de Metal vers Mrep.

> (27) a) Mieuz sont vestues les meschines
>   Ou aussi bien come roïnes. (Eracle ; cité par Pierrard 1998 : 135)
>
>   b) J'ai {autant, plus, moins de} souvenirs que toi.

De fait, en reprenant la distinction que fait Muller (1996a : 89) entre le quantifieur, qui exprime un degré, et l'évaluateur, qui marque le processus de confrontation entre quantifieurs (ou une 'commensuration'), on peut constater que le rôle d'évaluateur est passé de Metal (*comme* > *que*) vers Mrep (*si* > *aussi*) :

– en ancien français, *comme* joue le rôle d'évaluateur, indiquant la similarité par coréférence avec un marqueur de degré quantitatif (*(aus)si*) ou qualitatif (*(ain)si*)) ;

– en français moderne, c'est le Mrep qui indique le sens de la confrontation entre degrés.

La restructuration de l'équativité a permis d'unifier les marqueurs d'égalité, de supériorité et d'infériorité mais elle ne favorise en rien une interprétation par reprise anaphorique (27b', contrairement à une relative (27c)) :

(27)   b') [???J'ai une quantité de souvenirs égale/ supérieure/ inférieure à la quantité de souvenirs identique/ égale/ supérieure/ inférieure que tu as]
       c) L'homme que (= homme) tu as vu est un linguiste

2.3.2. Impact sur l'interprétation du tour

Les paraphrases de (12) rendent bien que la mise en oeuvre de l'identité appelle l'expression d'un certain degré de quantité/ intensité sur lequel opère l'équativité (12b'-b''). D'une certaine façon, l'évaluateur *aussi* renvoie de façon cataphorique vers un certain degré qui constitue le point de référence de la comparaison d'égalité. Il ne s'agirait donc pas d'une simple reprise anaphorique de la source, ce serait plutôt le contraire (12b'') :

(12)   a) Paul est aussi intelligent que Jean
       b') /Paul est intelligent à un degré égal au degré d'intelligence de Jean/
       b'') /Jean est intelligent à un degré quelconque ; Paul l'est au même degré/

Cette analyse rejoint l'approche proposée par Muller : « Il semble que dans ces comparatives, le quantifieur de la subordonnée soit considéré comme posé en premier, donc pôle de référence, et que l'antécédent *celui* soit malgré sa position une anaphore (une ana-cataphore ?) de ce quantifieur » (1996a : 94). En tant qu'introducteur de l'étalon de la comparaison, le quantifiant *que* exprime un sens scalaire indéfini de référence, par rapport auquel est posée l'évaluation 'commensurante' de l'évaluateur *aussi/ autant* (28a'-b'). S'il y a ici un marqueur de reprise anaphorique, ce serait donc plutôt le Mrep et non le Metal :

(28)   a) Elle était aussi belle que je l'étais dans ma jeunesse.
       a') /J'étais belle à un certain degré dans ma jeunesse ; elle était belle à ce degré/
       b) Il souhaitait autant que tu peux le faire que Jean réussisse ses examens.
       b') /Tu peux le souhaiter à un certain degré ; il le souhaitait à ce degré/

2.3.3. En conséquence, la séquence introduite par Metal ne se comporte pas comme une relative : *que* ne peut être considéré comme le représentant d'un antécédent extrait de la prédication :

c) L'homme qui t'a parlé est un ami > L'homme t'a parlé.
c') Jean est aussi grand que Paul > ?? Paul est aussi grand.

Par ailleurs, la relative peut être niée, modulée (29a-a''), ce qui paraît extrêmement difficile pour le segment étalon introduit par *que* (29b-c), mais beaucoup moins dans le cas de comme (29c'') :

(29)   a) L'eau que tu as été chercher dans la mer était froide.
       a') L'eau que tu n'as pas été chercher dans la mer était froide.
       a'') L'eau que tu as, je crois, été chercher dans la mer était froide.

b) L'eau était aussi froide que le sable était chaud.
b') ??L'eau était aussi froide que le sable n'était pas chaud.
b'')??L'eau était aussi froide que le sable, je crois, était chaud.
c) Il est aussi riche que son père l'était.
c') ??Il est aussi riche que son père ne l'était pas.
c'') Il est riche comme son père ne l'était pas.

2.4. *Que* équatif, une tête catégorielle ?

Dans le cas d'une connexion de prédications au moyen d'une PI autonome, la coïncidence d'un argument ou d'un repère mène à l'instauration d'un rapport de dépendance fonctionnel dont la PI cosaturante est le centre :

(30) a) Je parlerai à qui tu parleras
      b) Préd 1 <= *qu-* argument de Préd1/2 <= apport prédicatif particulier de Préd2.
      c) /Je parlerai <= *à qui* <= tu parleras/

Préd2 constitue un apport de spécification à qu- mais, vu que la PI occupe aussi une position d'argument auprès de préd1, l'ensemble [qu- + préd2] est également en fin de compte intégré dans préd1 (30b) dans la fonction argumentale marquée par la PI. Ceci aboutit à la hiérarchisation des deux relations prédicatives (30c), c'est-à-dire, sur un plan syntaxo-sémantique, à l'attribution non réciproque de fonction par préd1 à préd2. La hiérarchisation est soulignée par le fait que la PI occupe systématiquement la position de tête de la subordonnée (*J'aime qui m'aime ; qui dort dîne*).

Dans les équatives, la connexion entre prédications ne se réalise pas au moyen d'une proforme autonome en fonction de tête catégorielle. En réalité, contrairement à *comme* (cf. § 1.3.3.), le marqueur équatif comprend deux composants : le Mrep *aussi/ autant* et le Metal *que*. Il n'y a donc pas ici co-saturation, puisque la greffe de préd2 sur un élément de préd1 se réalise à travers le Mrep *aussi/ au*tant, qui joue donc ce rôle de tête de la construction comparative (31a'-31b'), tandis que le Metal *que* remplit une fonction par rapport à l'étalon :

(31) a) Robert est aussi/ plus/ moins intelligent que Maria.
      a') *Robert est intelligent que Maria.
      b) Robert boit autant qu'il mange.
      b') *Robert boit qu'il mange.

En conséquence, c'est le même composant (Mrep) qui identifie le repère sur lequel sera greffé la comparaison (31c-d) et qui détermine l'orientation scalaire de la comparaison (31a) :

      c) Robert réagit aussi impulsivement que Maria.
      d) Le voyage du président a mobilisé autant de policiers que de journalistes.

3. *QUE* ÉQUATIF, UN CORRÉLATIF ?

La corrélation est, dans son acception la plus large, marquée par l'interdépendance dans la manière dont deux prédications sont connectées (Riegel *et al.* 1998 : 514). Deux marqueurs seront corrélés lorsque chacun des composants dépendra pour son interprétation du cadre spécifiant apporté par l'autre élément avec lequel il est mis en relation. C'est ce rapport instauré entre les deux éléments corrélés qui, par la même occasion, assure la connexion entre les prédications. Dans certains tours, le rapport réciproque implique la présence de marqueurs similaires (32a) ; pour ce qui concerne les comparatives équative, similative ou d'inégalité, le rapport entre les marqueurs est plus indirect (32b) :

(32) a) Plus il mange, plus il est fort.
      b) Jean est aussi/plus fort que tu (ne) le penses.

Que équatif est d'abord une PI disposant d'une certaine autonomie intraprédicationnelle par ses propriétés de quantifiant indéfini. Introducteur de l'étalon de la comparaison, le quantifiant exprime un degré de référence, par rapport auquel est posée l'évaluation 'commensurante' de l'évaluateur *aussi/ autant*.

Sur un plan extraprédicationnel ensuite, nous avons déjà souligné l'existence d'une coalescence entre les deux marqueurs. Ce rapport de corrélation se traduit par des expressions de complémentarité syntaxique et sémantique spécifiques entre les Mrep et Metal. Leur mise en évidence nous permettra de préciser quelques propriétés du *que* équatif.

3.1. La complémentarité des deux composants est forte : d'une part, Metal est impossible sans *aussi / autant* (1a'-b', 2a'-b') ; d'autre part, la suppression de *que* (1a''-b'', 2a''-b'') rend toute interprétation de préd2 comme étalon impossible :

(1) a) Robert est aussi intelligent que Maria.
     a') *Robert est intelligent que Maria/
     a'') *Robert est aussi intelligent Maria.
     b) Robert réagit aussi impulsivement que Maria.
     b') *Robert réagit impulsivement que je l'avais prévu.
     b'') *Robert réagit aussi impulsivement je l'avais prévu.

(2) a) Robert boit autant qu'il mange.
     a') *Robert boit qu'il mange.
     a'') *Robert boit autant il mange.
     b) Le voyage du président a mobilisé autant de policiers que de journalistes.
     b') *Le voyage du président a mobilisé de policiers qu'ils l'avaient annoncé.
     b'') *Le voyage du président a mobilisé autant de policiers ils l'avaient annoncé.

La complémentarité n'est pas seulement forte d'un point de vue morphosyntaxique mais s'impose aussi sur le plan sémantique. *Si*, dans 1a-b, indique une orientation vers le haut degré mais il est complété par l'élément évaluateur *aus- (autre)* qui annonce la commensuration avec le degré de l'étalon ; *si* oriente donc d'abord vers le haut degré mais *au(tre)... que* borne l'orientation en le positionnant sur l'échelle au niveau du degré de 'l'autre'. L'énoncé 1a signifie donc que « Maria est intelligente à un degré quelconque et Robert est intelligent à un degré égal ». *Que* est tout autant indispensable car le Mrep ne suffit pas seul pour fonctionner comme opérateur équatif. En l'absence d'étalon exprimé (et du composant *que*), *aussi* n'exprime plus l'équativité par manque de bornage au moyen d'un étalon mais oriente pragmatiquement à nouveau vers le haut degré (33a).

(33)   a) Elle est ressortie, toujours aussi pâle, bien que sa joue droite porte la marque rouge de cinq doigts.
b) Elle était aussi pâle que lorsque je l'avais quittée/ * Elle était si pâle que lorsque je l'avais quittée.
c) Elle était si pâle que j'avais appelé l'ambulance.

Enfin, le préfixe *aus-* du Mrep semble tout aussi indispensable[3] car son absence rend une interprétation équative impossible (33b) et tend à orienter plutôt vers l'interprétation consécutive (33c).

La lecture équative du marqueur *aussi/autant que* est donc *compositionnelle*, tous ses composants sont indispensables pour contenir le haut degré et produire la valeur équative :
a) Mrep : assure le positionnement sur l'échelle en marquant l'orientation de la gradation et annonce une commensuration ;
b) Metal délimite la comparaison en introduisant une gradation de référence et un étalon auquel celle-ci s'applique.

Une telle compositionnalité est précisément la caractéristique majeure de la forme corrélative de connexion entre prédications.

3.2. Cette compositionnalité est caractéristique des marqueurs analytiques et ne se retrouve pas chez le marqueur synthétique. Ainsi, dans le cas de *comme*, c'est purement l'environnement co(n)textuel qui attribue les valeurs quantitative ou qualitative (34) :

(34)   a) Il mange comme il boit.
a') Il mange autant qu'il boit/ ??Il mange ainsi qu'il boit.
b) Il parle comme le faisait son père.
b') Il parle ainsi que le faisait son père/ ?? Il parle autant que le faisait son père.

Dans le cas du marqueur analytique, c'est le Mrep qui oriente la comparaison vers le quantitatif (équatif) ou vers le qualitatif (similatif) :

(35)   a) Il a voyagé {ainsi/ autant} que le voulait la coutume.
b) Sa beauté était {telle/ aussi éclatante} que je me l'imaginais.

3.3. En conséquence, le fonctionnement de la construction équative et le statut de son marqueur pourraient être précisés en séparant les traits suivants :
a) une *hiérarchisation syntaxique* Mrep > Metal : la primauté hiérarchique du premier sur le second est soulignée par son rôle de tête syntaxique, qui détermine la portée du préd2 réduit. Ceci est confirmé par les possibilités de détachement, toujours fondées sur Mrep. Metal par contre se limite à introduire le segment l'étalon :

(36)   a) Modeste autant qu'habile, il l'est.
b) Aussi belles que stupides, elles le sont toutes.
c) Autant aux Grecs qu'aux Orientaux, le nom d'Assuérus était inconnu

---

3. Sauf avec une négation ou un modalisateur : *elle n'était pas si pâle que ça*

d) Autant que vous, j'aime la tranquillité/ il est digne de cette faveur

b) la *compositionnalité sémantique* du marqueur composé est plus complexe : le processus de comparaison n'est possible que grâce au pôle de référence fourni par Metal ; d'autre part, la définition de sa valeur [+/− Q] (37b) et son orientation sur l'échelle (37a) sont définies par Mrep :

(37) a) Pierre a bu plus/ autant de vin que Paul a bu d'eau.
      b) Pierre a bu autant de vin que Paul a bu d'eau/ *Pierre a bu du vin ainsi que d'eau/ Pierre a bu du vin ainsi que de l'eau.

c) le marqueur équatif, en particulier le Metal *que*, ne recatégorise pas préd2. C'est la hiérarchisation des marqueurs corrélés qui induit la hiérarchisation des prédications. Celle-ci sera par ailleurs particulièrement soulignée par la réduction des propriétés prédicationnelles (ou *dépropositionnalisation*, cf. Lehmann 1988), qui affecte fortement préd2.

4. CONCLUSIONS

L'examen des caractéristiques du *que* équatif, à la lumière des propriétés et du fonctionnement des proformes indéfinies, a abouti à une série d'observations concernant son statut et son rôle dans la connexion de prédications.

4.1. *Que* a été caractérisé comme un adverbial scalaire [+/− Q]. En tant qu'introducteur de l'étalon de la comparaison, il exprime une gradation de référence à laquelle est limitée l'évaluation commensurante du Mrep. Contrairement aux corrélatifs symétriques du type *plus... plus* qui indiquent la proportionnalité et introduisent une ouverture scalaire, *que* est un adverbe scalaire, restreignant la portée de l'égalité/la supériorité/l'infériorité au degré de l'étalon qu'il introduit.

4.2. *Que* fonctionne au sein d'un rapport corrélatif qui permet de greffer une préd2 souvent réduite à travers le Mrep sur un élément de la structure prédicationnelle de préd1 ; *que* ne remplissant pas de rôle translatif, il s'agit d'une connexion sans recatégorisation, mais avec une hiérarchisation soulignée par la réduction de structure prédicative de préd2 et le rapport de dépendance entre composants du marqueur.

4.3. S'il y a bien une dépendance mutuelle des deux composants du marqueur pour réaliser la construction équative, Metal est néanmoins syntaxiquement régi et sémantiquement orienté par Mrep (34b). Mrep pointe vers un complément et le sens de Metal est calculé à partir de l'information donnée par le premier :

(34) a) REP$_{préd1}$ <= (Mrep « => que) => Etal$_{préd2}$
      b) Il est aussi ; plus ; moins intelligent que son frère.
      b') /Il est intelligent à un degré égal ; inférieur ; supérieur au degré de son frère/

Les observations formulées à propos de *que* équatif devront être confrontées au fonctionnement des autres tours comparatifs et consécutifs. Elles nous paraissent néanmoins ouvrir des perspectives intéressantes non seulement pour une appréhension plus nuancée du rôle des proformes indéfinies mais aussi pour un réexamen des formes de connexion entre prédications.

Bibliographie

ALLAIRE S. (1982), *Le modèle syntaxique des systèmes corrélatifs. Étude en français moderne*, Lille, Service de reproduction des thèses – Université de Lille III.

GREVISSE, M., GOOSSE, A. (1993), *Le bon usage*, Paris – Louvain-la-Neuve, Duculot (édition refondue par André Goosse).

LE GOFFIC, P. (1992), « *Que* en français : essai de vue d'ensemble », Roulland éd., *Subordination, Travaux Linguistiques du Cerlico*, Rennes, Presses Universitaires de Rennes, 5, 43-71.

HASPELMATH M. & BUCHHOLZ O. (1998), « Equative and similative constructions in the languages of Europe », Van der Auwera éd., *Adverbial constructions in the languages of Europe*. Berlin, New York, Mouton de Gruyter, 277-334.

KOCH P. (1995), « Subordination, intégration syntaxique et "oralité" », Andersen & Skytte éds, *La subordination dans les langues romanes*. Copenhague, Université de Copenhague, 13-42.

LEHMANN C. (1988), « Towards a typology of clause linkage », Haiman & Thompson éds., *Clause combining in grammar and discourse*, Amsterdam-New York, John Benjamins, 181-225.

MILNER J.-C. (1973), *Arguments linguistiques*, Paris, Mame.

MILNER J.-C. (1978), *De la Syntaxe à l'interprétation : quantités, insultes, exclamations*, Paris, Le Seuil.

MOLINE E. (1998), « *Pierre est aussi intelligent que Paul, mais est-il intelligent pour autant ?* Valeur sémantique des comparatives corrélatives d'égalité », *Cahier d'Etudes Romanes*, CERCLID 10, Université de Toulouse – Le Mirail, 165-205.

MULLER C. (1996a), *La Subordination en français. Le schème corrélatif*, Paris, Armand Colin.

MULLER C. (1996b), « À propos du *que* comparatif », *LINX*, 34-35, 241-254.

PIERRARD M. (1998), « *Comme* relatif à antécédent en ancien français : grammaticalisation de la proforme indéfinie », *Travaux de linguistique, Revue internationale de linguistique française*, 36, 127-146.

PIERRARD M. (2002), « Grammaticalisation et restructuration fonctionnelle : *comme* et la subordination », Lagorgette & Larrivée éds, *Représentations du sens linguistique*. München : LINCOM Europa, 293-308 (LINCOM Studies in Theoretical Linguistics 22).

PIERRARD M. (2005), « Les proformes indéfinies : connexion de prédications et subordination », Lambert & Nølke eds, *La Syntaxe au coeur de la grammaire*, Rennes, Presses Universitaires de Rennes, 236-244.

PIERRARD M., LÉARD J.-M. (2004), « *Comme* : comparaison et haut degré », Noailly & Lefeuvre éds, *Intensité, comparaison, degré, Travaux linguistiques du Cerlico*, Rennes, Presses Universitaires de Rennes, 17, 269-286.

PIERRARD M. & LÉARD J.-M. (2006), « Proformes indéfinies et expressions indéfinies : à propos du lien entre indéfinition et prédication », Corblin, Ferrando & Kupferman eds, *Indéfini et prédication*, Paris, PUPS, 493-506.

RAIBLE W. (1992), *Junktion. Eine Dimension der Sprache und ihre Realisierungsformen zwischen Aggregation und Integration*, Heidelberg, Winter.

RIEGEL M., PELLAT J.-C., RIOUL R. (1998), *Grammaire méthodique du français*, Paris, Presses Universitaires de France (4e édition mise à jour).

WILMET M. (2003), *Grammaire critique du français*, Bruxelles, Duculot (3e édition).

Lefeuvre Florence
Université Paris 3 & Lattice (UMR CNRS / ENS)
Rossari Corinne
Université de Fribourg[1]

Les degrés de grammaticalisation du groupe préposition + *quoi* anaphorique

L'objet de cet article est d'étudier les degrés de grammaticalisation de la proforme *quoi* régime de préposition lorsqu'elle anaphorise une structure prédicative :

> (1a)   *Dans son intervention, M. Bayrou devait expliquer que s'il est attaché à la baisse des impôts celle-ci devrait s'accompagner d'une diminution parallèle des dépenses publiques, sans **quoi** ce serait un leurre et un leurre dangereux car elle augmenterait la montagne que constitue la dette française et cela au détriment des générations à venir. (Le Monde, 16 octobre 2003)*

On peut reconstruire un déverbal comme anaphore de *quoi*, ce qui donne pour (1a) :

> (1b)   *Sans l'accompagnement pour la baisse des impôts d'une diminution parallèle des dépenses publiques, ce serait un leurre [...]*

Mais certains verbes (*montrer* en (2)) ne permettent pas une telle reconstruction :

> (2)   *Encore faut-il pour cela que l'Europe montre dans son scepticisme, une vitalité, une violence qui obligent au respect. Sans quoi, rasée, il ne lui reste à apprendre que le B, A, BA de la vie communautaire* (Déon, *La Carotte et le bâton*)

Dans les structures telles que (1a), les segments introduits par *quoi* apparaissent comme dotés d'une relative autonomie, ce que signale la ponctuation forte souvent présente : peu insérés dans l'énoncé précédent, ils forment une sorte d'ajout, et on peut même se demander, pour certains d'entre eux, s'ils ne constituent pas de nouvelles phrases. Nous examinerons, dans cette configuration, la perte de plusieurs propriétés du mot *quoi* – signe d'une grammaticalisation en

---

1. Cet article est une contribution au projet : *Les expressions hybrides* financé par le Fonds National Suisse de la Recherche Scientifique (No : PP001–108351).

ⒶRTICLE ON LINE

cours[2] – et défendrons l'idée que, dans ce type de schéma, *quoi* oscille entre un statut de pronom subordonnant relatif et un statut de pronom indéfini non subordonnant. Après avoir rappelé les caractéristiques du mot *quoi* qui lui permettent de se trouver dans une telle construction, nous distinguerons cinq genres de groupes en préposition + *quoi* anaphorique, en fonction de la perte progressive des propriétés de subordonnant de *quoi*.

I. SÉMANTISME DE *QUOI*

Quoi a connu une évolution très nette depuis le 17e siècle. À cette époque, il peut anaphoriser un antécédent nominal dans des énoncés de ce type :

(3)   *Ce n'est pas le bonheur après quoi je soupire* (Molière, *Tartuffe*, tiré de Fournier 1998)

De nos jours, cette configuration existe mais de façon sporadique (cf. Lefeuvre 2006). Grevisse (1988 : §691) signale cette possibilité dans les emplois littéraires :

(4)   *C'était une idée à quoi je ne pouvais pas me faire* (Camus, tiré de Grevisse 1988)

En revanche, *quoi* peut anaphoriser une structure prédicative (1a) ou bien renvoyer à un objet peu spécifié :

(5)   *La renonciation à la violence, réclamée par Jospin hier et Sarkozy aujourd'hui, est justement la seule chose à **quoi** ils n'ont jamais voulu consentir. (Le Nouvel Observateur, 19-25 juin 2003)*

(6)   *Il dit en souriant quelque chose à **quoi** évidemment je ne répondis pas. (Roze, Le Chasseur zéro)*

Dans des emplois non anaphoriques, il se combine non seulement avec de l'inanimé mais aussi avec de l'animé :

(7)   *Tu voudrais avoir quoi, un garçon ou une fille ?*

(8)   *Il se sentait d'une humeur de chien méchant. « Si elle croit que... » Il donna un coup de pied au broc qui chancela, il fit claquer sa porte. « Elle m'a pris pour quoi ? Pour une midinette ? Je m'en fiche de sa dédicace... » (Sabatier, Les Fillettes chantantes)*

(9)   *Je ne sais pas quoi peindre : un paysage, un homme, un enfant etc.*

(10)   *Heureusement, il avait à quoi se raccrocher : son métier, ses loisirs, mais aussi ses parents et ses amis. (ex. tirés de Lefeuvre 2006)*

Par le renvoi possible à une structure prédicative et à un animé, il épouse le même sémantisme que les démonstratifs *ce, ceci, ça, cela,* celui du « non-catégorisé » ou « non-classifié » (Corblin 1987 et Kleiber 1994). La communauté sémantique des valeurs entre *quoi* et ces démonstratifs explique que l'antécédent fétiche de *quoi* est le démonstratif *ce,* lui aussi pouvant renvoyer à une structure prédicative ou se combiner avec de l'animé.

---

2. Nous renvoyons à l'ouvrage de Christiane Marchello-Nizia (2006) pour une présentation de la théorie et des phénomènes du français dont elle rend compte.

Ce antécédent de *quoi* connaît en effet deux valeurs possibles. Tout d'abord, il peut correspondre à un contenu indistinct :

(11) « *Cela ressemble étrangement à ce à quoi ressemblaient les choses juste avant les attentats du 11 septembre 2001* » *souligne un responsable américain cité par Newsweek. (Agence France Presse,* 26 mai 2003)

Dans ce cas-là, on peut trouver toutes sortes de prépositions (*à, en* mais aussi *après, sans*) :

(12) *Ce après quoi il court est le bonheur*

(13) *Il a trouvé ce sans quoi il ne pouvait pas vivre*

Le groupe démonstratif avec *ce* peut assumer toutes sortes de fonctions, ici sujet (12) et COD (13). Cela dit, dans nos différents corpus (cf. Lefeuvre 2006), nous ne l'avons pas trouvé avec de telles fonctions.

Ensuite ce qui est anaphorisé par *ce* peut renvoyer à une structure prédicative :

(14) *Powell était las et ne comptait pas figurer dans l'équipe de George Bush en 2004.* ***Ce à quoi*** *un proche de M. Powell avait répondu dans le même article que les faucons cherchaient seulement à se venger de leurs insuccès en Irak... (Le Monde,* 11 octobre 2003)

L'anaphore de la structure prédicative peut ainsi s'établir soit par *ce* suivi de prép. + *quoi*, soit directement par *quoi* (1a) :

(15) *[...] les pétunias du jardin de sa belle-soeur, qui soignait avec passion ses parterres, étaient moins beaux et moins fournis que ceux de monsieur le curé. À quoi Mathilde répondait qu'elle ne les arrosait pas avec de l'eau bénite. (Rouaud, Les Champs d'honneur)*

C'est dans cette dernière configuration que *quoi* a tendance à perdre certaines de ses propriétés de subordonnant. Lorsque ce qui est anaphorisé correspond à une structure prédicative, cinq possibilités se dessinent selon un mouvement où *quoi* perd de ses propriétés de subordonnant relatif pour se rapprocher d'un simple pronom anaphorique. Cela se manifeste notamment par la présence plus ou moins contrainte du démonstratif *ce* antécédent de *quoi*.

2. Ier GROUPE – *CE À QUOI* : PRÉSENCE SOUHAITABLE DE *CE*

Ce cas de figure ne concerne que la préposition *à*. *Quoi* précédé de la préposition anaphorise *ce* qui anaphorise lui-même une structure prédicative :

(16a) *Restait à en fournir la preuve...* ***Ce à quoi*** *Réaumur, dans les années 1730, faillit parvenir. (Le Monde,* 7 octobre 2003)

Quoi dans ce groupe a clairement un antécédent pronominal. Il correspond à un pronom relatif. Le groupe démonstratif, quant à lui, ne peut être rattaché à aucun terme de l'énoncé précédent. Le Goffic 1993 classe ce type de groupe parmi les compléments accessoires (372), tout en signalant leur proximité avec une énonciation indépendante, de type averbal. Plusieurs auteurs[3] parlent

---

3. Cf. Pierrard (1988 : 244), Riegel et *al.* (1994 : 488), Le Goffic 2005.

d'appositions ou de structures appositives. Gary-Prieur évoque, pour l'ensemble *ce qu- P*, une « relative détachée » ou une « prédication seconde ». Elle réfute l'étiquette d'« apposition », trouvant que ces constructions se rapprochent plutôt d'adverbes de phrases.

Nous allons voir qu'il existe une gradation dans la valeur prédicative de *ce* parallèlement à son caractère obligatoire ou omissible. Le groupe *ce à quoi*, en (16a) par exemple, est compatible avec diverses modalisations sur *ce*. On peut y introduire des marqueurs comme un adverbe ou une négation qui explicitent la valeur prédicative du démonstratif (cf. Lefeuvre 1999) :

(16b)   *Presque ce à quoi Réaumur faillit parvenir*

(16c)   *Pas vraiment ce à quoi Réaumur faillit parvenir*

Il est possible de paraphraser l'énoncé (16a) avec une phrase comportant le présentatif *c'est* :

(16d)   *Restait à en fournir la preuve… **C'est ce à quoi** Réaumur, dans les années 1730, faillit parvenir.*

Tous ces tests vont dans le même sens : en (16a), le groupe *ce à quoi* dont le noyau est *ce* se caractérise par sa valeur prédicative. Il fonctionne comme le prédicat d'une phrase averbale :

(17)   *Il est venu la voir hier soir. **Pas vraiment une surprise puisqu'elle s'en doutait.***

L'énoncé (16a) supporte une autre modalité d'énonciation, comme le montre la possibilité d'introduire la modalité interrogative :

(16e)   *Ce à quoi Réaumur faillit parvenir ? Oui, dans une certaine mesure.*

Or, dans une relative formée d'un pronom n'ayant pas de valeur prédicative, l'interrogative est impossible. Comme la présence d'un prédicat associé à une modalité d'énonciation permet de composer une phrase (cf. Lefeuvre 1999, 2007), nous verrons donc en (16a) une phrase averbale basée sur *ce* pourvue d'une modalité assertive.

Le pronom *ce* est difficilement omissible :

(16f)   *? Restait à en fournir la preuve… **À quoi** Réaumur, dans les années 1730, faillit parvenir.*

ce qui montre qu'il est malaisé pour *quoi* de constituer le noyau dans un exemple semblable. Il faudrait introduire le présentatif *c'est* :

(16g) ***C'est à quoi** Réaumur, dans les années 1730, faillit parvenir.*

Le groupe prép. + *quoi* constitue en (16a) le seul complément essentiel du verbe de la subordonnée : *à quoi* est COI de *parvenir*. Si l'on modifie cette donnée, les résultats changent sensiblement. Les tests mettant en relief la valeur prédicative de *ce* ne fonctionnent pas alors aussi bien. Dès que se trouve un groupe à droite du verbe de la subordonnée et pouvant jouer un rôle rhématique :

(18a)   *Mais le louvetisme, étant un retour à la nature, allait encore plus m'éloigner de la mer, dangereuse pour un groupe de garçons, et m'enfoncer dans les terres. **Ce à quoi** je m'accoutumai mieux que je ne l'aurais pensé. J'ai été un louveteau modèle* (Ollivier, *L'Orphelin de mer*) les paraphrases deviennent plus difficiles :

(18b)   *? Mais le louvetisme, étant un retour à la nature, allait encore plus m'éloigner de la mer, dangereuse pour un groupe de garçons, et m'enfoncer dans les terres.* **C'est ce à quoi** *je m'accoutumai mieux que je ne l'aurais pensé.*

(18c)   *? Mais le louvetisme, étant un retour à la nature, allait encore plus m'éloigner de la mer, dangereuse pour un groupe de garçons, et m'enfoncer dans les terres.* **Vraiment ce à quoi** *je m'accoutumai mieux que je ne l'aurais pensé.*

En revanche, en l'absence de tout complément à droite du verbe, ces paraphrases redeviennent possibles :

(18d)   *Mais le louvetisme, étant un retour à la nature, allait encore plus m'éloigner de la mer, dangereuse pour un groupe de garçons, et m'enfoncer dans les terres.* **C'est ce à quoi** *je m'accoutumai.*

(18e)   *Mais le louvetisme, étant un retour à la nature, allait encore plus m'éloigner de la mer, dangereuse pour un groupe de garçons, et m'enfoncer dans les terres. Cependant, pas vraiment ce à quoi je m'accoutumai.*

En présence d'une modalisation sur le verbe de la subordonnée, comme la négation :

(16h)   *Restait à en fournir la preuve…* **Ce à quoi** *Réaumur, dans les années 1730, ne parvint pas.*

les paraphrases deviennent également difficiles :

(16i)   *? Restait à en fournir la preuve…* **C'est ce à quoi** *Réaumur, dans les années 1730, ne parvint pas.*

C'est net pour cet exemple attesté qui comporte la locution *avoir droit* :

(19a)   *Remarque, ajouta-t-il, qu'ils y ajouteront peut-être une décoration. Je crois qu'à titre posthume c'est automatique. Il y en a qui la font encadrer.* **Ce à quoi les chevaux** *n'ont pas droit. Sans compter qu'il faut couper à la hache le sabot sur lequel est gravé leur propre numéro matricule et l'expédier dans un sac à la comptabilité.* (Simon, *L'Acacia*)

(19b)   *? C'est ce à quoi les chevaux n'ont pas droit.*

Les exemples suivants, dépourvus de négation, nous semblent meilleurs :

(19c)   *Remarque, ajouta-t-il, qu'ils y ajouteront peut-être une décoration. Je crois qu'à titre posthume c'est automatique. Il y en a qui la font encadrer.* **Ce à quoi les chevaux** *ont droit.*

(19d)   *C'est d'ailleurs ce à quoi les chevaux ont droit.*

(19e)   *Pas vraiment ce à quoi les chevaux ont droit mais sait-on jamais.*

Ainsi, dès qu'il y a un complément (hors locution) à la droite du verbe de la subordonnée ou bien une modalisation, de type négation, sur ce verbe, les paraphrases deviennent malaisées, ce qui souligne une perte de la valeur prédicative de *ce*, au profit du verbe de la subordonnée qui accepte ces modalisations. Dans tous les exemples considérés, la présence de *ce* est fortement souhaitable :

(18f)   *? Mais le louvetisme, étant un retour à la nature, allait encore plus m'éloigner de la mer, dangereuse pour un groupe de garçons, et m'enfoncer dans les terres.* **À quoi** *je m'accoutumai mieux que je ne l'aurais pensé.*

On pourrait considérer que cette présence souhaitable s'explique parce que *quoi* est difficilement prédicatif. La présence souhaitée de *ce* ne constitue pas pour autant un indice suffisant pour associer à *ce* une valeur prédicative (cf. (18a) / (18f)). Il reste que lorsque *ce* est facultatif, il perd sa valeur prédicative, comme nous allons le voir dans le paragraphe qui suit.

3. 2ᵉ GROUPE – *(CE)* EN / À + QUOI : *(CE)* FACULTATIF

Au sein d'un deuxième groupe, se trouvent des énoncés pour lesquels la présence du pronom *ce* est facultative. Cette configuration est possible avec les prépositions *en* et *à*. Regardons de plus près les exemples.

3.1. Avec la préposition *en*

Avec la préposition *en*, précédé ou non de *ce*, on relève surtout des verbes d'opinion :

(20a)   *La première fois que je l'aperçus, je remarquai surtout ses yeux. Quand elle daignait les ouvrir, elle me dévisageait comme si elle ne devait jamais me revoir. **En quoi** elle se trompait : le droit de visite, bon Dieu, n'a pas été inventé pour les cochons. (Benoziglio, Cabinet portrait)*

(21a)   *l'un de mes plus abominables souvenirs. On m'a fait un curetage à vif. J'entends encore la voix mauvaise du jeune médecin : « Comme ça, tu ne recommenceras plus. » (Ce **en quoi** il se trompait d'ailleurs.) J'en suis restée pantelante, brisée. Plus tard, j'ai assimilé cela à la torture. (Halimi, La Cause des Femmes)*

même s'il est possible de trouver un verbe porteur d'un autre sémantisme :

(22a)   *Par quelque association d'idées, elle parla des dames de la cour d'Angleterre qui ne se souciaient pas de la mode et portaient toujours les mêmes vêtements, **ce en quoi** elles se différenciaient des Parisiennes toujours aussi à la page comme en témoignaient les concours d'élégance automobile. (Sabatier, Les Fillettes chantantes)*

(22b)   *Par quelque association d'idées, elle parla des dames de la cour d'Angleterre qui ne se souciaient pas de la mode et portaient toujours les mêmes vêtements, **en quoi** elles se différenciaient des Parisiennes toujours aussi à la page comme en témoignaient les concours d'élégance automobile.*

Ces deux structures (*en quoi / ce en quoi*) apparaissent comme de simples variantes (*en quoi il avait tort / ce en quoi il avait tort*) l'une de l'autre. *En quoi* (de 1980 à nos jours, 14 occurrences) est plus fréquent que *ce en quoi* (5 occurrences de 1980 à nos jours). Il joue le rôle d'un circonstant intra-prédicatif. Il est ainsi moins impliqué dans la valeur actancielle du verbe de la subordonnée que les groupes en *à quoi*. Cela paraît évident en l'absence du démonstratif *ce* lorsque *en quoi* est suivi d'une virgule, ce qui met en évidence le retrait de *en quoi* du schéma actanciel du verbe :

(23)   *il pensait qu'il n'y avait plus en France qu'une poignée d'hérétiques. **En quoi**, il se trompa bien, ou fut trompé (Chandernagor, L'Allée du Roi)*

De quoi dépend la valeur prédicative de *ce* ou (en l'absence de *ce*) de *quoi* ? Tout d'abord elle est à corréler, comme nous l'avons dit dans notre deuxième partie, à la présence d'un complément à la droite du verbe. C'est le cas de (22a) où *se différenciaient* régit un COI (*des Parisiennes toujours aussi à la page*), ce qui rend difficile l'application des tests :

(22c)   *? C'est ce en quoi elles se différenciaient des Parisiennes*

(22d)   *? Vraiment ce en quoi elles se différenciaient des Parisiennes*

Ce dans ce cas subit une perte de sa valeur prédicative.

Ensuite, ce qui n'était pas apparu auparavant, la valeur prédicative de *ce* ou, en l'absence de *ce*, de *quoi*, dépend de l'enchaînement discursif des énoncés. En (21a), la valeur prédicative est difficile à déceler comme le montre la difficulté du test en *c'est ce en quoi* :

(21b)   *? J'entends encore la voix mauvaise du jeune médecin : « Comme ça, tu ne recommenceras plus. » (C'est **ce en quoi** il se trompait d'ailleurs.) J'en suis restée pantelante, brisée.*

Avec ce test, on introduit une focalisation sur le fait que l'action de recommencer est possible ; on s'attend dès lors à la narration d'épisodes allant dans ce sens. Or la suite du récit ne se poursuit pas sur cette idée mais sur le mauvais souvenir du narrateur. En revanche, avec la suite suivante :

(21c)   *J'entends encore la voix mauvaise du jeune médecin : « Comme ça, tu ne recommenceras plus. » **Ce en quoi** il se trompait d'ailleurs. J'ai recommencé par la suite.*

les tests deviennent positifs :

(21d)   *J'entends encore la voix mauvaise du jeune médecin : « Comme ça, tu ne recommenceras plus. » Pas vraiment **ce en quoi** il se trompait d'ailleurs. J'ai failli recommencer mais je ne l'ai pas fait.*

(21e)   *J'entends encore la voix mauvaise du jeune médecin : « Comme ça, tu ne recommenceras plus. » C'est **ce en quoi** il se trompait d'ailleurs. J'ai recommencé par la suite.*

On peut également introduire la modalité interrogative :

(21f)   *J'entends encore la voix mauvaise du jeune médecin : « Comme ça, tu ne recommenceras plus. » **Ce en quoi** il se trompait d'ailleurs ? Oui : j'ai recommencé par la suite.*

Dans ce nouvel exemple :

(23a)   *Sinéperver en fut informée, mais crut à une passade et n'y vit pas de danger, les oeillères de la haine raccourcissaient sa vue, **ce en quoi** elle eut tort. Car cette soif d'apprendre, cette obstination de Mahmoud à réfléchir devaient plus tard anéantir son fils et porter le mien sur le pavois de l'Histoire. (Grèce Michel de, La Nuit du sérail)*

les tests fonctionnent positivement parce que le reste de l'énoncé explicite, au moyen de la coordination *car*, le segment en *ce en quoi* :

(23b)   *C'est ce en quoi elle eut tort*

Mais avec un discours qui ne se centre pas sur le fait désigné par le groupe *ce en quoi* :

(23c)   *Sinéperver en fut informée, mais crut à une passade et n'y vit pas de danger, les oeillères de la haine raccourcissaient sa vue, **ce en quoi** elle eut tort. Les amants s'enfuirent donc avec son assentiment tacite*

les tests deviennent difficiles à appliquer :

(23d)   ? *Sinéperver en fut informée, mais crut à une passade et n'y vit pas de danger, les oeillères de la haine raccourcissaient sa vue. C'est* **ce en quoi** *elle eut tort. Les amants s'enfuirent donc avec son assentiment tacite.*

En (23a), *ce* se comporte donc comme un noyau :

(23e)   *Vraiment ce en quoi elle eut tort.*

Notons qu'un troisième critère, qui vaut également pour les exemples du point 2, est à considérer en (23a) : la ponctuation forte devant *ce en quoi*. Elle paraît souhaitable pour l'attribution d'une valeur prédicative à *ce*. Un signe de ponctuation faible devant le groupe de l'exemple (23a) relativiserait la valeur prédicative de *ce* (cf. (23b) vs (23f)) :

(23f)   ?*Sinéperver en fut informée, mais crut à une passade et n'y vit pas de danger, les oeillères de la haine raccourcissaient sa vue,* **c'est ce en quoi** *elle eut tort. Car cette soif d'apprendre, cette obstination de Mahmoud à réfléchir devaient plus tard anéantir son fils et porter le mien sur le pavois de l'Histoire.*

Quoi, en l'absence de *ce*, peut-il jouer un rôle prédicatif ? Prenons l'exemple (20a) :

(20a)   *La première fois que je l'aperçus, je remarquai surtout ses yeux. Quand elle daignait les ouvrir, elle me dévisageait comme si elle ne devait jamais me revoir.* **En quoi** *elle se trompait : le droit de visite, bon Dieu, n'a pas été inventé pour les cochons.* (Benoziglio, *Cabinet portrait*)

Il réunit les trois critères (syntaxique, discursif et typographique) permettant l'application de certains des tests :

(20b)   *Quand elle daignait les ouvrir, elle me dévisageait comme si elle ne devait jamais me revoir. C'est* **en quoi** *elle se trompait : le droit de visite, bon Dieu, n'a pas été inventé pour les cochons.*

Il est également possible d'introduire la modalité interrogative :

(20c)   *Quand elle daignait les ouvrir, elle me dévisageait comme si elle ne devait jamais me revoir.* **En quoi** *elle se trompait ? Oui, parce que le droit de visite, bon Dieu, n'a pas été inventé pour les cochons.*

En (20c), *quoi* n'est pas un interrogatif : il s'agit d'une interrogative totale et non partielle. Mais contrairement à *ce*, il n'accepte pas de modalisations telles que la négation :

(20d)   *Quand elle daignait les ouvrir, elle me dévisageait comme si elle ne devait jamais me revoir. ? Vraiment* **en quoi** *elle se trompait : le droit de visite, bon Dieu, n'a pas été inventé pour les cochons.*

(20e)   *Quand elle daignait les ouvrir, elle me dévisageait comme si elle ne devait jamais me revoir. *Pas vraiment* **en quoi** *elle se trompait : je n'avais pas de droit de visite.*

La valeur prédicative de *quoi* en (20a) est donc moins nette que celle de *ce*.

On voit qu'il existe des gradations fines à apporter. Dans le type de structures que l'on vient d'examiner, *ce* est toujours facultatif et sa valeur prédicative varie d'un exemple à l'autre. Trois critères favorisent une interprétation prédicative de *ce* : syntaxique (absence de complément à la droite du verbe de la subordonnée), discursif (enchaînement portant sur *ce en quoi*), typographique (présence d'une ponctuation forte). La valeur prédicative de *quoi* en l'absence de *ce* est moins nette dans la mesure où le groupe accepte certains tests (cf. l'introduction possible de *c'est*) au détriment d'autres (cf. la négation). On ne peut donc pas considérer l'énoncé (20a) avec *en quoi* comme une phrase à part entière : *quoi* ne peut pas constituer un prédicat, même si cette structure peut recevoir une modalité d'énonciation telle que l'interrogation.

3.2. Avec la préposition *à*

Avec la préposition *à*, voici un exemple où *ce* est présent :

*(24a)   Elle entra en coup de vent dans la boulange, dit bien fort à Edmond que le temps était superbe, **ce à quoi** le boulanger répondit que ça n'était pas étonnant vu que le vent avait tourné à l'est.* (L'Hôte, Le Mécréant ou les preuves de l'existence de Dieu)

et un où *ce* est absent :

*(25a)   Agacé par les réticences apostoliques, il dénonce « le lobby pro-croate du Saint-Siège ». **À quoi** Famiglia Cristiana – magazine populaire, sirop de sacristie – répond que cinq ministres sur sept de la Communauté européenne sont francs-maçons avec des visées à l'Est* (Sollers, Le Secret)

Il est possible soit de supprimer le pronom *ce* :

*(24b)   Elle entra en coup de vent dans la boulange, dit bien fort à Edmond que le temps était superbe, **à quoi** le boulanger répondit que P*

soit de l'ajouter :

*(25b)   Agacé par les réticences apostoliques, il dénonce « le lobby pro-croate du Saint-Siège ». **Ce à quoi** Famiglia Cristiana – magazine populaire, sirop de sacristie – répond que P*

Dans les exemples où *ce* est facultatif, on trouve généralement des verbes trivalents de parole, *à quoi* correspondant au COI et *que P* correspondant au COD. On observe alors :

– une grande variété des verbes de parole :

*(26)   un conseiller d'État dit doucement : « Sire, ce n'est que pour les particuliers » ; **à quoi** le Roi repartit fermement qu'il y avait de grands inconvénients pour toutes sortes de gens sans aucune exception.* (Chandernagor, L'Allée du Roi)

*(27)   **à quoi**, la marquise, furieuse, rétorqua qu'elle savait mieux que quiconque ce qui convenait à sa fille.* (Grèce Michel de, La Nuit du sérail)

– toutes sortes de possibilités concernant le COD. Cela peut même être du discours rapporté direct :

(28)   Jami courut vers Marguerite et, dès qu'il fut sous sa protection, articula ces paroles :
– Peau d'hareng !
*À **quoi** Olivier répondit : « Triple terrine de gelée de peau de fesses ! »* (Sabatier, Les Fillettes chantantes)

Il est rare de trouver un autre type de verbe, même si cela ne semble pas impossible :

*(29a)   Il fallait éradiquer le problème. À **quoi** il s'escrima.*

*(29b)   Il fallait éradiquer le problème. Ce à **quoi** il s'escrima.*

Dans ces énoncés, *ce* ou *quoi* forment-ils des noyaux prédicatifs capables de former des phrases ? Si les tests suivants sont positifs pour *ce* et *quoi* :

(29c)   *Il fallait éradiquer ce problème. C'est (ce) à quoi il s'escrima.*

(29d)   *Il fallait éradiquer ce problème. Ce à quoi il s'escrima ? / À quoi il s'escrima ? Oui !*

on remarque la même difficulté pour *quoi*, contrairement à *ce*, à accepter la négation (cf. 3.1.) :

(29e)   *Il fallait éradiquer ce problème. *Pas vraiment à quoi il s'escrima.*

(29f)   *Il fallait éradiquer ce problème. Pas vraiment ce à quoi il s'escrima.*

L'énoncé (29b) pourvu d'un noyau prédicatif et d'une modalité d'énonciation correspond bien à une phrase ; en revanche, la valeur prédicative de *quoi* dans (29a) est moins évidente, ce qui ne permet pas de considérer l'ensemble comme une phrase à part entière.

En revanche, avec les verbes de parole, ces schémas ne comprennent pas de prédicat averbal autonome puisque *ce* n'accepte ni la négation, ni une autre modalité d'énonciation, ni l'introduction de *c'est*, comme on le voit :

(24c)   ***Pas vraiment ce à quoi** le boulanger répondit que ça n'était pas étonnant vu que le vent avait tourné à l'est*

(24d)   ***Ce à quoi** le boulanger répondit que ça n'était pas étonnant vu que le vent avait tourné à l'est ?*

(24e)   ***C'est ce à quoi** le boulanger répondit que ça n'était pas étonnant vu que le vent avait tourné à l'est ?*

On peut fournir la même observation pour *quoi* non précédé de *ce*, qui n'accepte aucune modalisation :

(25c)   ***Pas vraiment à quoi** Famiglia répond que P*

(25d)   **A quoi* Famiglia répond que P ?* (avec *quoi* non interrogatif)

(25e)   ***C'est à quoi* Famiglia répond que P*

C'est le signe que ni le pronom *ce* (24a) ni le pronom *quoi* (25a) ne sont perçus comme le noyau prédicatif de l'ensemble *ce* prép. *quoi* / prép. *quoi*.

Le groupe prép. + *quoi* est en retrait dans l'organisation actancielle du verbe *répondre*. Le groupe *à quoi* constitue un COI mais la structure suivant *quoi* comprend aussi un groupe rhématique, généralement un COD. Cela signifie que l'autonomie de ces structures ne repose pas sur le démonstratif *ce* ni sur le pronom *quoi*, mais sur le verbe qui suit *(ce) à quoi*, comme l'indique la possibilité d'introduire des modalisations sur le verbe :

(25f)   *Agacé par les réticences apostoliques, il dénonce « le lobby pro-croate du Saint-Siège ». **À quoi** Famiglia Cristiana ne répondit pas tout ce qu'elle aurait pu.*

Notons que les exemples sans *ce* sont beaucoup plus fréquents qu'avec *ce* : sur un corpus de 1980 à nos jours qui renferme 47 occurrences de *ce à quoi* ou de *à quoi* anaphorisant une structure prédicative, on ne trouve qu'un seul exemple avec *ce à quoi* et un verbe de parole *vs* 29 sans le démonstratif *ce*. Or c'est surtout *ce* qui est susceptible de former un noyau prédicatif (cf. le point 2) : *quoi*, dans ce type de structure, n'accepte pas de modalisations telles que la négation.

L'absence de *ce* dans ce schéma peut être interprétée comme le signe que le prédicat du groupe a tendance à être constitué par le verbe conjugué de la structure.

On observe ainsi, dans ce deuxième groupe, des variations avec *(ce) en quoi* : selon les énoncés, *ce* constitue ou non un noyau prédicatif. *Quoi*, quant à lui, ne répond jamais de façon positive à l'ensemble des tests qui lui donnent le statut de noyau.

3.3. Synthèse

Quelle différence observe-t-on entre une relative standard et une configuration avec prép. *quoi* P sans *ce*, où *quoi* anaphorise une structure prédicative ? Lorsque *quoi* anaphorise directement une structure prédicative, il s'éloigne d'un relatif standard lié à un antécédent nominal. Ce type d'antécédent implique trois différences importantes avec les relatives à antécédent nominal. Tout d'abord, l'attachement du groupe préposition + *quoi* à la proposition précédente est relativement souple. On ne rattache pas *quoi* à tel mot mais à toute une structure prédicative. Ensuite, le mode de rattachement dû à la nature vague de l'antécédent se traduit par un emplacement particulier de la proposition introduite par le groupe préposition + *quoi* : le plus souvent, la proposition survient à la fin de la phrase précédente, comme après coup. Ce *quoi* rappelle le relatif de liaison latin. Cette absence d'antécédent nominal, c'est-à-dire de lien fort avec ce qui précède, permet à notre structure de gagner en autonomie. Enfin, dans la structure en prép. + *quoi*, la solidarité est moindre également avec le verbe suivant : le groupe prép. + *quoi* est en retrait dans l'organisation actancielle de ce verbe.

Quelles différences observe-t-on en ce qui concerne la configuration en *ce prép quoi* et celle en *prép quoi* (sans *ce*) ? Premièrement, *ce* peut plus facilement que *quoi* constituer un noyau prédicatif puisque *quoi* ne répond pas positivement à tous les tests. Du coup, le verbe qui suit le pronom *quoi* n'est pas perçu de la même façon : dans le schéma en prép. + *quoi* P, c'est le seul mot qui puisse porter l'ensemble des modalisations. Nous verrons que ce point est important pour la prise d'autonomie de ce type de structure.

Deuxième différence lorsque *ce* ne constitue pas un noyau prédicatif (24a) : le démonstratif *ce* sert alors à pointer sur la phrase précédente en l'instituant comme objet de discours à propos duquel on énonce une information nouvelle. Il y a une confrontation de type thème-rhème entre ces deux éléments. La solidarité est plus grande par rapport à ce qui précède puisque nous avons deux morphèmes qui disent l'anaphore (*ce* et *quoi*). L'objet de discours précédent est de ce fait davantage présent. Avec le groupe prép. *quoi* P (sans *ce*), le rapport à la phrase précédente est moins fort.

4. 3ᵉ GROUPE – *À QUOI* : *CE* IMPOSSIBLE

Dans un troisième groupe, le groupe *à quoi* anaphorise directement une structure prédicative mais il est impossible de rajouter le démonstratif *ce*. On retrouve la préposition *à*, formant avec le mot *quoi* un complément essentiel :

(30a) *Le capitalisme, dont elle avait été le moteur, s'est pris à la percevoir comme sa part maudite. N'était-elle pas grevée par le harcèlement de revendications ouvrières de plus en plus exorbitantes ?*
*À **quoi** s'ajoutait maintenant cette effervescence écologique, forte d'une outrecuidance dont la mode l'autorisait et qui opposait des obstacles juridiques à l'habitude de saccager et de polluer la nature* (Vaneigem, *Nous qui désirons sans fin*)

(30b) **Ce à **quoi** s'ajoutait maintenant cette effervescence écologique, forte d'une outrecuidance dont la mode l'autorisait et qui opposait des obstacles juridiques à l'habitude de saccager et de polluer la nature.*

Comme précédemment, *quoi* ne forme pas le noyau :

(30c) **C'est à quoi s'ajoutait maintenant cette effervescence écologique*

(30d) **Pas vraiment à quoi s'ajoutait*

Le sujet se trouve alors à la droite du verbe, dans une position rhématique, comme en (30a). Ou bien apparaît un verbe impersonnel suivi de *ajouter* régissant un COD également en position rhématique :

(31a) *l'histoire est comme ça, par la conjonction de l'internationalisme chanté par Marx et Lénine et du nationalisme russe incarné par Staline, qui est d'ailleurs géorgien. À **quoi** il faut ajouter le capitalisme américain qui fournit ses dollars, sa technique, ses bateaux.* (Ormesson Jean d', *La Douane de mer*)

Il semble que ce type de structure apparaisse le plus souvent avec un complément rhématique à la droite du verbe, comme en (30a) ou (31a). *Quoi* n'accepte pas d'antécédent nominal, contrairement à un relatif standard. *À quoi*, même s'il compose le seul complément essentiel, se trouve en retrait de l'organisation actancielle du verbe de *P*, dans la mesure où il existe un groupe de mots nettement rhématique qui joue un rôle plus déterminant, sur le plan informationnel, que lui par rapport au verbe. L'absence obligatoire de *ce* montre que l'énoncé perd ses traits de relative standard. Le mot porteur de la structure n'est pas alors *quoi*, sur lequel on ne peut apporter aucune modalisation, mais le verbe conjugué, qui se comporte comme le noyau de l'ensemble :

(30e) *Le capitalisme, dont elle avait été le moteur, s'est pris à la percevoir comme sa part maudite. N'était-elle pas grevée par le harcèlement de revendications ouvrières de plus en plus exorbitantes ?*
*À **quoi** ne s'ajoutait pourtant pas cette effervescence écologique [...].*

Pour autant, cet énoncé ne semble pas s'être complètement autonomisé par rapport à la phrase précédente, puisqu'il est impossible d'introduire une nouvelle modalité phrastique sans faire de *quoi* un interrogatif :

(31b) *À quoi faudrait-il ajouter le capitalisme américain ?*

5. 4ᵉ GROUPE – PRÉP. *QUOI* AVEC *CE* IMPOSSIBLE : *QUOI* PRONOM ANAPHORIQUE ?

Dans le quatrième groupe, tout comme dans le troisième, l'ensemble prép. + *quoi* anaphorise directement une structure prédicative. Le fait de ne pas pouvoir ajouter le démonstratif *ce* montre là aussi que cette structure ne peut pas être ramenée à une relative à antécédent nominal.

Mais, à la différence du 3e groupe, l'ensemble prép. + *quoi* ne forme pas de complément essentiel mais un circonstant extra-prédicatif, ce qui met ce groupe davantage encore en retrait du schéma actanciel. Dans ce schéma, on trouve toutes sortes de prépositions, que ce soient des prépositions simples (*après, sans*) ou des locutions prépositionnelles (*à la suite de quoi* etc.) qui, contrairement à *en* et *à*, refusent toutes systématiquement l'ajout du démonstratif *ce* :

(1a)   *Dans son intervention, M. Bayrou devait expliquer que s'il est attaché à la baisse des impôts celle-ci devrait s'accompagner d'une diminution parallèle des dépenses publiques, sans **quoi** ce serait un leurre et un leurre dangereux car elle augmenterait la montagne que constitue la dette française et cela au détriment des générations à venir. (Le Monde, 16 octobre 2003)*

(1b)   **Ce sans **quoi** ce serait un leurre et un leurre dangereux*

(32a) *Mais il eût fallu un peu de courage pour le dire clairement. **Au lieu de quoi**, on déguise cette démarche sous un habillage hypocrite, on met les frères et sœurs en ménage, n'importe quoi… (Le Nouvel Observateur)*

(32b) **Ce **au lieu de quoi**, on déguise cette démarche sous un habillage hypocrite*

Le fait que le groupe ne forme pas un complément essentiel permet de tracer une frontière entre les groupes qui refusent parfois le *ce* et ceux qui le refusent systématiquement.

Quoi se rapproche d'un simple pronom anaphorique sans pourtant s'y assimiler. Le fonctionnement de *quoi* rappelle alors celui du groupe préposition + le démonstratif (*cela / ça*) porteur du même sémantisme que *quoi* et pouvant anaphoriser une structure prédicative :

(33a) *Ils revinrent le lendemain, munis de haches cette fois, et accompagnés de soldats, portant des masses. Ce fut un sabbat dans le musée. Ils n'en laissèrent rien. C'était beau comme les Vandales.*
       ***Après quoi**, pour montrer à la Terre entière ce que taliban voulait dire, les gouvernants afghans firent sauter les bouddhas géants de Bamyan. (Le Nouvel Observateur)*

(33b) *Après cela, pour montrer à la Terre entière ce que taliban voulait dire, les gouvernants afghans firent sauter les bouddhas géants de Bamyan*

Selon les prépositions, toutes sortes de relations de discours peuvent se mettre en place, rapprochant ce groupe prép. + *quoi* d'un connecteur[4]. On trouve ainsi i) la valeur temporelle et plus précisément la succession, avec *après quoi, ensuite de quoi, à la suite de quoi, sur quoi* (33a), ii) la cause avec *à cause de quoi, grâce à quoi, en raison de quoi, en vertu de quoi, moyennant quoi* :

(34a) *« En 2003, la totalité du montant de ces crédits sera reportée dans la construction du budget des organismes et instances », a décidé le gouvernement.*
       ***Moyennant quoi**, Claudie Haigneré peut affirmer que la progression de son budget est « parfaitement conforme » à « l'objectif ambitieux mais réaliste fixé au gouvernement par le président de la République », à savoir le passage de 2, 2 % à*

---

4. Pour une analyse de *sans quoi* en tant que connecteur, nous renvoyons à Rossari et Lefeuvre (2005).

3 %, *d'ici à 2010, de la part du PIB consacrée à la recherche et au développement.*
(Le Monde)

iii) la concession avec *malgré quoi, en dépit de quoi, au lieu de quoi* :

*(32a)   Mais il eût fallu un peu de courage pour le dire clairement. **Au lieu de quoi**, on déguise cette démarche sous un habillage hypocrite, on met les frères et soeurs en ménage, n'importe quoi... (Le Nouvel Observateur)*

iv) la restriction avec *sans quoi, faute de quoi, à défaut de quoi* :

*(35)   L'urgence n'est pas tant de « sauver la recherche » que de retrouver une politique de la recherche en prise sur le monde d'aujourd'hui. **Faute de quoi** le réveil risque d'être brutal. (Le Nouvel Observateur)*

v) la conséquence avec *en conséquence de quoi* :

*(36a)   [...] quant aux circonstances atténuantes [...] ils les ont refusées. **En conséquence de quoi** Charles est condamné aux travaux forcés à perpétuité. (Gide, Souvenirs de la Cour d'Assises)*

La présence régulière de la virgule après ce groupe préposition + *quoi* manifeste une solidarité moindre entre le groupe préposition + *quoi* et le reste de la proposition :

*(37a)   ils y mirent le feu impitoyablement, sans être touchés des cris de cette malheureuse. **Après quoi**, ils coururent les rues toute la nuit, brisèrent un nombre infini de lanternes (Chandernagor, L'Allée du roi)*

Le groupe prép. + *quoi* forme un circonstant extra-prédicatif mais il s'oppose sur ce dernier point à un subordonnant en fonction de circonstant après lequel aucune virgule n'est envisageable :

(38a) La chambre dans laquelle il a dormi est tapissée de damas rouge.

*(38b) *La chambre dans laquelle, il a dormi est tapissée de damas rouge.*

En outre, on pourrait paraphraser certains de ces énoncés en substituant au groupe en préposition + *quoi* un adverbe :

*(37b) ils y mirent le feu impitoyablement, sans être touchés des cris de cette malheureuse. **Après** ils coururent les rues toute la nuit, brisèrent un nombre infini de lanternes.*

Enfin, il est même possible de former des interrogatives rhétoriques avec la majorité des exemples considérés :

*(32c)   Mais il eût fallu un peu de courage pour le dire clairement. **Au lieu de quoi**, ne déguise-t-on pas cette démarche sous un habillage hypocrite ?*

*(33c)   **Après quoi**, pour montrer à la Terre entière ce que taliban voulait dire, les gouvernants afghans ne firent-ils pas sauter les bouddhas géants de Bamyan ?*

*(34b)   **Moyennant quoi**, Claudie Haigneré ne peut-elle affirmer que la progression de son budget est « parfaitement conforme » à « l'objectif ambitieux mais réaliste fixé au gouvernement par le président de la République », à savoir le passage de 2, 2 % à 3 %, d'ici à 2010, de la part du PIB consacrée à la recherche et au développement ?*

*(36b)   **En conséquence de quoi** Charles ne doit-il pas être condamné aux travaux forcés à perpétuité ?*

Toutefois, les vraies interrogatives sont plus difficiles à employer dans ces configurations :

> *(34c)* ***Moyennant quoi**, Claudie Haigneré peut-elle affirmer que la progression de son budget est « parfaitement conforme » à « l'objectif ambitieux mais réaliste fixé au gouvernement par le président de la République », à savoir le passage de 2, 2 % à 3 %, d'ici à 2010, de la part du PIB consacrée à la recherche et au développement ?*

D'autres faits montrent que *quoi* opère toujours comme un subordonnant. D'une part, prép. + *quoi*, contrairement à l'ensemble préposition + *ça / cela*, n'est pas mobile dans l'énoncé. Le groupe préposition + *ça / cela* peut survenir en milieu d'énoncé ou en fin d'énoncé :

> *(39a)* *Pour nous, par chance, les caves voûtées de notre vieille bâtisse ont été jugées conformes aux normes des abris. Nous aurions dû sans cela, cavaler jusqu'au métro Torcy* (Simonin, *Confessions d'un enfant*)
>
> *(39b)* **Nous aurions dû, sans quoi, cavaler jusqu'au métro Torcy.*

D'autre part, le groupe prép. + *quoi* ne peut intervenir dans une structure plus vaste, contrairement au groupe préposition + pronom démonstratif. En (40a), ce dernier apparaît dans une subordonnée :

> *(40a)* *vous pourrez tous deux vous employer à mettre l'église dans votre jeu. Don Rodrigo qui, sans cela, resterait défiant, ne fera pas pression sur Don Pedro.* (Camus, *Le Chevalier d'Olmedo*)
>
> *(40b)* **Don Rodrigo qui, sans quoi, resterait défiant, ne fera pas pression sur Don Pedro.*

Dans le dernier groupe que nous examinerons, *quoi* peut davantage encore s'assimiler à un pronom anaphorique.

6. 5ᵉ GROUPE – PRÉP. *QUOI* AVEC *CE* IMPOSSIBLE : *QUOI* PRONOM ANAPHORIQUE

Avec certaines des combinaisons prép. + *quoi*, il est possible de trouver la modalité interrogative sous une forme autre que rhétorique. C'est le cas de *sans quoi*, pour lequel nous avons relevé des énoncés où le groupe *sans quoi* est suivi d'une vraie interrogative :

> *(41a)* *elles n'opposeraient en cas de revers qu'une bien faible résistance. Il faut donc vaincre, **sans quoi** où vous replieriez-vous ?* (Simon, *Les Géorgiques*)

Nous avons trouvé également la modalité exclamative avec le déterminant *quel*, au sein d'une phrase averbale :

> *(42)* *Olga se disait qu'heureusement elle avait l'esprit trop abstrait pour comprendre et retenir toutes ces consignes, **sans quoi** quel boulot, quelle fatigue !* (Kristeva, *Les Samouraïs*)

Avec un *quoi* relatif, ces emplois seraient impossibles :

> *(43)* **Il a trouvé ce sans quoi n'aurait-il pas été malheureux.*
>
> *(44)* **Il a trouvé ce sans quoi quel malheur.*

Reste, pour ces structures qui acceptent la modalité interrogative ou exclamative, l'impossibilité pour le groupe prép. + *quoi* de se déplacer ou de s'intégrer dans une structure plus vaste (cf. point 5) :

(41b)   *elles n'opposeraient en cas de revers qu'une bien faible résistance. Il faut donc vaincre, où vous replieriez-vous **sans quoi** ?*

(41b)   *elles n'opposeraient en cas de revers qu'une bien faible résistance. Il faut donc vaincre, ou **sans quoi** où vous replieriez-vous ?*

Mais cette impossibilité ne remet pas en cause le fait que les énoncés les énoncés (41a) et (42) constituent bien des phrases à part entière, porteuses d'un prédicat verbal, si l'on considère qu'une phrase ou qu'une unité syntaxique autonome se compose d'un prédicat et d'une modalité d'énonciation (cf. Lefeuvre 1999 et Lefeuvre 2007). *Quoi* ne peut donc plus être considéré comme un subordonnant relatif mais comme un simple pronom anaphorique. Le prédicat est constitué par le verbe conjugué et non par le pronom *ce* ou *quoi*, comme dans les exemples du point 2 ou 3.

Le tableau suivant résume les différents cas de figure observés.

	À quoi il faillit parvenir	En quoi il se trompait	À quoi elle répond que P	À quoi s'ajoutait cette effervescence	Après quoi les gouvernants afghans firent sauter les bouddhas	Sans quoi où vous replieriez-vous ?
Types de préposition	à	en à	à	à	Prépositions différentes de *en* et *à*	Prépositions différentes de *en* et *à*
Présence de *ce*	Ce à quoi *à quoi	(Ce) en quoi	(Ce) à quoi	À quoi *Ce à quoi	Après quoi *Ce après quoi	Sans quoi *Ce sans quoi
Noyau	Vraiment ce à quoi	(?) Vraiment (ce) en quoi	*Presque (ce) à quoi	*Presque à quoi	*Presque après quoi	*Presque sans quoi
Présentatif	C'est (ce) à quoi	?C'est (ce) en quoi	*C'est (ce) à quoi	*C'est (ce) à quoi	*C'est (ce) après quoi	*C'est (ce) sans quoi
Fonction	COI	Circonstant intra-prédicatif	COI	COI	Circonstant Extra-prédicatif	Circonstant Extra-prédicatif
Adverbe					Après	Sinon
Virgule		En quoi (,)			Après quoi,	Sans quoi,
Modalité Interrogative	Impossible	Impossible	Impossible	Impossible	Possible avec questions rhétoriques	Possible
Intégration dans une structure plus vaste	Impossible	Impossible	Impossible	Impossible	Impossible	Impossible
Déplacement du groupe prép. + quoi	Impossible	Impossible	Impossible	Impossible	Impossible	Impossible

CONCLUSION

Dans la configuration où le groupe prép. + *quoi* P ou *ce* prép. + *quoi* P anaphorise une structure prédicative, se distinguent deux pôles, l'un où *quoi* fonctionne comme un relatif lorsque son antécédent *ce* est obligatoire et l'autre où *quoi* se rapproche d'un pronom anaphorique, abandonnant certains des traits des subordonnants. Entre les deux pôles se dégage un continuum selon le type de prépositions employés (*à, en*) *vs* les autres pronoms et la distribution syntaxique à l'intérieur de P. De ce point de vue, nous pouvons parler de grammaticalisation, parce que l'on a d'un côté une perte de propriétés de la classe des subordonnants relatifs et de l'autre une amorce de recatégorisation en tant que simple pronom non subordonnant. La valeur prédicative se déplace ainsi du noyau pronominal, *ce* en (16a), au profit du verbe conjugué de la structure.

En résumé, lorsqu'un terme averbal susceptible de former un noyau prédicatif – *ce* ou *quoi* en l'occurrence – se trouve dans la zone d'influence d'un verbe conjugué, il perd peu ou prou sa capacité à assumer une fonction prédicative.

Références

CORBLIN F. (1987), « *Ceci et cela* comme formes à contenu indistinct », *Langue française*, 75, 75-93.

FOURNIER N. (1998), *Grammaire du français classique*, Paris, Belin.

GARY-PRIEUR M.-N. (à par.), « Les relatives détachées de la forme..., *ce qu- P* », Actes du colloque de Timosoara (2005).

KLEIBER G. (1994), *Anaphores et pronoms*, Louvain-la-Neuve, Duculot.

LEFEUVRE F. (1999), *La phrase averbale en français*, Paris, L'Harmattan.

LEFEUVRE F. (2006), *Quoi de neuf sur quoi ? Étude morphosyntaxique du mot quoi*, Presses universitaires de Rennes.

LEFEUVRE F. (2007), « Le segment averbal comme unité syntaxique textuelle », *Parcours de la phrase*, Charolles, Fournier, Fuchs, Lefeuvre éds, Ophrys, 143-158.

LE GOFFIC P. (1993), *Grammaire de la phrase française*, Paris, Hachette.

LE GOFFIC P. (2005), « *Ce qui, ce que* : CQFD », *Pratiques*, 125-126, 25-47.

MARCHELLO-NIZIA C. (2006), *Grammaticalisation et changement linguistique*, Bruxelles, De Boeck.

PIERRARD M. (1988), *La Relative sans antécédent en français moderne*, Louvain, Peeters.

RIEGEL M., PELLAT J.-C., RIOUL R. (1994), *Grammaire méthodique du français*, Paris, PUF.

ROSSARI C. et LEFEUVRE F. (2005), « *Sans quoi* : une procédure de justification *a contrario* purement anaphorique », *Travaux de linguistique* (Rossari ed.) 49, 81-93.

Estelle Moline
Université du Littoral-Côte d'Opale
Grammatica, *JE 2489*

Comme et l'assertion

I. INTRODUCTION

Dans son ouvrage de 1993, Pascale Hadermann utilise la notion de proforme pour rendre compte des emplois de *où*. Elle justifie l'utilisation de ce terme, de préférence à l'emploi de pronom ou d'adverbe, par deux arguments : l'assimilation fréquente de l'adverbe et du complément circonstanciel (*Ibid.* : 32-35) et la référence au nom que véhicule la notion de pronom (*Ibid.* : 35-39). La question de l'ambiguïté entre les notions d'adverbial et de complément circonstanciel ne pose pas problème dans le cas de *comme*, dans la mesure où dans son emploi prototypique *comme* est un adverbial de manière (cf. 2.1.1.). Golay 1959 a montré la contradiction qui résulte de l'expression de « complément circonstanciel de manière », et propose d'analyser le complément de manière comme une « épithète du verbe ». La relation entre *comme* et les pronoms (et par suite les noms) paraît moins évidente. Cependant, Molinier et Lévrier 2000 rappellent « les liens morphosyntaxiques et sémantiques » entre les adverbes, les groupes prépositionnels circonstanciels et les propositions circonstancielles (*Ibid.* : 27), ainsi que l'analyse de M. Gross, qui attribue aux adverbes « la structure générale des groupes nominaux prépositionnels », à savoir « Prep det N Modif » (*Ibid.* : 28). L'utilisation du terme proforme permet donc d'éviter un certain nombre d'écueils.

Comme est un morphème susceptible d'apparaître dans des contextes variés et a fait l'objet de très nombreuses études. Il n'y a cependant pas consensus sur la question (cruciale) d'une éventuelle unité syntaxico-sémantique du terme. Certains auteurs, notamment Le Goffic 1991 et Fuchs & Le Goffic 2005, considèrent qu'il y a polysémie (il y aurait un seul morphème *comme* en français contemporain, les variations sémantiques résultant du contexte), tandis que d'autres (Desmets 1998, Desmets 2001, Moline 1996, Pierrard 2002, Pierrard 2004, *etc.*) penchent plutôt pour l'homonymie.

(ARTICLE ON LINE)

L'analyse des rapports de *comme* à l'assertion sera présentée selon deux axes : les emplois dans lesquels *comme* est très consensuellement analysé comme une proforme *qu-* de manière, puis ceux dans lesquels *comme* n'est pas une proforme de manière. Deux cas de figure seront distingués : les emplois pour lesquels le statut de proforme peut éventuellement être attribué à *comme*, puis ceux dans lesquels *comme* n'est pas une proforme. Concernant la question de l'assertion, je m'intéresserai tout particulièrement aux présupposés véhiculés par la subordonnée.

2. *COMME* PROFORME DE MANIÈRE

Dans bon nombre de ses emplois, *comme* est analysable comme une proforme *qu-* de manière. Le morphème possède alors les caractéristiques des mots en *qu-* : du point de vue morphologique, *comme* est issu du latin *quomodo*, lui-même issu de *quo modo* ; du point de vue fonctionnel, si les emplois exclamatifs et interrogatifs sont bien identifiés, l'existence d'emplois relatifs fait désormais l'objet d'un large consensus.

2.1. Emplois relatifs

Je distinguerai deux types d'emplois, les relatives libres (*Il chante comme un canard*) d'une part, les relatives à support nominal (*des images comme on aimerait en voir plus souvent*) d'autre part.

2.1.1. Relatives libres

Les proformes *qu-* se caractérisent par une propriété essentielle : elles remplissent un rôle syntaxique et sémantique au sein de l'objet P en tête duquel elles se situent. Le cas des comparatives en *comme* (*Il chante comme un canard, Il ment comme il respire*), emploi fréquemment qualifié de prototypique, permet de montrer cette double caractéristique.

Trois arguments principaux permettent de mettre en évidence le rôle fonctionnel du morphème dans la proposition en tête de laquelle il se situe : la présence dans P enchâssé d'un prédicat verbal qui exige un complément de manière, la portée de la négation, et l'impossibilité d'insérer un (autre) adverbial de manière dans P enchâssé.

Certains verbes, comme *se comporter*, se construisent nécessairement avec un complément de manière, d'où l'inacceptabilité de * *Il se comporte*. Par conséquent, une phrase comme (1) :

(1) Il se comporte comme un imbécile.

ainsi que la phrase non elliptique correspondante (1') :

(1') Il se comporte comme (se comporte + se comporterait + le ferait) un imbécile.

qui sont des énoncés bien construits, contiennent nécessairement un complément de manière dans P enchâssé. Le morphème *comme* assume cette fonction.

Les énoncés comparatifs dans lesquels P enchâssé contient une négation sont peu fréquents. Ils existent néanmoins, comme en attestent (2) et (3) :

(2)   Ils parlaient de ses scrupules comme on ne parlait même pas des dieux des cannibales. Son grand-père avait employé des noms infâmes. (H. James, *Orwen Wingrave*, trad. Fabrice Hugot)

(3)   Ah les femmes ! jolies comme ce n'est plus possible (Yasmina Kaddhra, *Les agneaux du seigneur*)

La négation ne porte pas alors sur le seul prédicat, mais bien sur une variable indéfinie de manière, ce qui est caractéristique des adverbiaux de manière (cf. *Il ne travaille pas efficacement ; Ce n'est pas efficacement qu'il travaille*). En effet, (2) et (3) n'impliquent pas respectivement *on ne parlait pas des dieux des cannibales* et *ce n'est plus possible d'être jolie*, mais bien *on ne parlait pas AINSI des dieux des cannibales* et *ce n'est plus possible d'être AINSI jolie*.

Un énoncé ne peut pas contenir deux adverbiaux verbaux de manière affectant le même prédicat, d'où l'inacceptabilité de * *Il marche silencieusement lentement*. Il est impossible d'insérer un adverbial de manière dans une comparative en *comme* (cf. * *Il travaille comme travaillait admirablement son père*), ce qu'explique aisément l'analyse syntaxique de *comme*. Dans ce type d'emploi, la proforme, modifieur adverbial du prédicat de P enchâssé, a un rôle syntaxique analogue à celui de P enchâssé, modifieur adverbial du prédicat de P matrice, ce qui est fréquent dans le cas des relatives libres.

Du point de vue sémantique, *comme* correspond à une variable de manière, laquelle peut apparaître sous une forme quantifiante (*beaucoup/peu*) ou non quantifiante (*bien/mal*). L'interprétation (quantifiante ou non) de la proforme provient pour l'essentiel de deux paramètres : d'une part les connaissances relatives au comparant (connaissances linguistiques dans le cas des comparatives non littérales, contextuelles ou référentielles dans le cas des comparatives littérales), d'autre part du type prédicat affecté par la variable. En effet, certains prédicats (*se comporter*) se construisent exclusivement avec un adverbe de manière non quantifieur (*Il se comporte bien/mal* vs * *Il se comporte peu/beaucoup*), d'autres (*pleuvoir*) avec un adverbe de manière quantifieur (*Il pleut beaucoup* vs * *Il pleut mal*), d'autres encore, notamment les activités au sens de Vendler 1967, aussi bien avec l'une ou l'autre forme (*chanter, danser, manger*, etc.). Dans certains cas, la quantification peut correspondre à une itération (*se changer beaucoup = se changer souvent*). Enfin, l'opposition manière quantifiante *vs* manière non quantifiante peut être neutralisée (*Cet article se vend bien/mal = Cet article se vend beaucoup/peu*). La proforme de manière est également neutre par rapport à l'orientation axiologique (variante qualifiante), et à celle de l'échelle de quantification (variante quantifiante). L'interprétation s'effectue alors sur la base de propriétés réelles ou supposées attribuées au comparant (cf. *Il chante comme un canard* vs *Il chante comme un rossignol* et *Il mange comme un ogre* vs *Il mange comme un oiseau*). En cas de support adjectival (*Il est intelligent comme son père*), l'interprétation provient également du type de prédicat affecté par *comme* : du fait que les adjectifs se construisent essentiellement (mais pas exclusivement, cf. *Il avait l'air si sincèrement triste que j'aurais presque pu jurer qu'il l'était*) avec des adverbes quantifieurs, il n'est guère surprenant que *comme* (et par suite la comparative en *comme*) ait alors une valeur plutôt quantifiante (cf. *Il est gai comme un pinson*).

La question de l'assertion doit être décrite dans le cadre plus général des proformes *qu-*. Il n'y a pas d'emploi assertif de *comme* proforme de manière en phrase simple, ce qui est caractéristique des proformes *qu-*, comme l'ont noté Le Goffic 2002, ainsi que Pierrard & Léard 2006. En phrase complexe, ces auteurs établissent un lien entre l'indéfinition caractéristique de la proforme, et le type de subordination qu'elle établit. Pierrard (1996 : 425) indique que « la proforme indéfinie intervient dans l'identification de deux relations prédicatives, donc il y a engagement sémantique de la proforme dans P1 comme dans P2, et l'énoncé se présente sous la forme de deux prédicats groupés autour d'une variable commune indéfinie » et précise que « c'est à travers une cosaturation de sites, c'est-à-dire une saturation concomitante d'une place auprès de deux prédicats différents, que s'établit une relation de dépendance entre P1 et P2 » (*Ibid.* : 425). Dans le même ordre d'idée, Le Goffic 2002 écrit : « C'est donc toute une classe naturelle d'emplois des marqueurs de variable qui se dessine : le liage (« chevillage ») de deux prédications autour d'une valeur indéfinie, la variable pouvant parfaitement s'inclure dans l'assertion globale, puisque aucune des deux propositions composantes n'est actualisée ». Une comparative en *comme* asserte donc une « égalité de manière », une « identification de manière » (Le Goffic 2002), et le présupposé contenu dans P enchâssé reste indéfini (*Il travaille comme son père* présuppose *son père travaille d'une certaine façon*). Les comparatives à parangon présentent le même fonctionnement (*Il chante comme un rossignol* présuppose *Un rossignol chante d'une certaine façon*) : nos connaissances sémantiques permettent d'attribuer une valeur à la variable, et donc de lever l'indéfinition.

Outre ces emplois comparatifs *stricto sensu*, *comme* proforme de manière apparaît dans différents contextes avec une valeur analogue :

(4)   Je suis comme je suis.

(5)   J'aime comme tu me souris

(6)   Comme ses amis, il aime danser.

qui véhicule un présupposé indéfini (respectivement *Je suis (ainsi + d'une certaine façon)* pour (4), *tu me souris (ainsi + d'une certaine façon)* pour (5) et *ses amis font (ainsi + d'une certaine façon)* pour (6)). Il en est de même en (7) :

(7)   Comme elle était habillée, on ne pouvait que la remarquer.

que l'on opposera à (8), dans lequel la présence d'un adverbe de manière dans P enchâssé impose une interprétation « causale » :

(8)   Comme elle était habillée bizarrement, on ne pouvait que la remarquer.

L'interprétation de la variable s'effectue en relation avec le prédicat verbal auquel la variable est associée, et/ou par inférence en fonction des informations données par l'assertion centrale (cf. (7) *vs* (9)) :

(9)   Comme elle était habillée, elle ne risquait pas d'avoir froid.

Une analyse similaire sera proposée pour décrire les exemples comme (10) :

> (10) En juillet comme en décembre, on y étouffait, dans la buée chaude, chargée d'odeurs nauséabondes, que soufflait le voisinage de la cuisine. (Zola, *Au Bonheur des dames*)

Dans ce cas, la « comparaison » porte sur l'assertabilité de l'assertion centrale (*p est vrai en juillet comme p est vrai en décembre*), la validité de la proposition en question étant assurée par le détachement du segment contenant *comme*. Il s'agit donc bien d'un « effet coordonnant » (Le Goffic 1993 : 397).

2.1.2. Relatives à support nominal

La construction introduite par *comme* est également susceptible de modifier un nom :

> (11) Voilà un roman comme tu les aimes.
>
> (12) Encore deux ou trois réflexions de haute politique, et vous verrez le monde comme il est. (Balzac, *Le père Goriot*).
>
> (13) [...] il termina en assurant que c'était un homme très comme il faut [...] (Mérimée, *Colomba*)
>
> (14) Ah ! Miss Nevil, qu'on est heureux de vivre dans un pays comme le vôtre ! (Mérimée, *Colomba*)
>
> (15) Des comme lui, on n'en rencontre pas souvent.

Comme ci-dessus, quelle que soit la forme sous laquelle est réalisé le segment à droite de *comme*, il s'agit de structures propositionnelles. Dans le cas des constructions exemplifiées en (14), un objet P complet peut effectivement être réalisé à droite de *comme* (cf. *De la part d'un misérable comme paraît l'être ce Bianchi, tout s'explique, dit Orso*, Mérimée, *Colomba*), et l'acceptabilité de la construction est corrélée à des contraintes d'ordre sémantique. Les énoncés illustrés en (15) sont interprétés par le biais de l'ellipse d'un élément nominal facilement restituable en contexte (*des N comme lui*).

Ces constructions sont analysables comme des relatives à support nominal. En effet, le morphème *comme*, glosable par la forme indéfinie *tel*, remplit un rôle syntaxique dans l'objet P en tête duquel il est situé : il est interprétable soit comme une épithète, soit comme un attribut. Le segment introduit par *comme* remplit alors le rôle d'une épithète, le plus souvent restrictive, de l'élément nominal qui sert de support à la construction.

Comme l'indique Le Goffic (1991 : 22), « les syntagmes adverbiaux de manière introduits par *comme* (de même que certains adverbes tels que *bien*) peuvent occuper des fonctions de caractère adjectival ». Bien que la possibilité de remplir une fonction adjectivale ne concerne que quelques adverbes (elle est notamment exclue dans le cas des adverbes de manière en -*ment*), il n'est pas nécessaire de postuler un changement de catégorie, ni pour P enchâssé, ni pour *comme*. Dans ces constructions, la proforme réfère sémantiquement à la manière (ce qu'indique la glose par *tel* ou *ainsi*), et la valeur qualifiante résulte tant du support nominal que du fonctionnement adjectival. Enfin, le présupposé associé à P enchâssé contient un indéfini : (11) ne présuppose pas (donc n'asserte pas) *tu aimes les romans*, mais bien *tu aimes les romans de ce type*. Par ailleurs, l'occurrence de *comme* dite d'exemplification (cf. (16)) est analysable comme une relative appositive, ce qu'indiquent notamment Moline (1998 : 76-78) et Fuchs & Le Goffic (2005 : 280) :

(16) Certaines villes, comme Paris et/ou Bordeaux, ont adopté d'autres mesures.

Le segment introduit par *comme* a une structure propositionnelle, *comme* remplit dans P enchâssé une fonction épithétique (*Paris et Bordeaux sont des villes telles*), et le présupposé associé à P enchâssé contient un indéfini.

2.2. Emploi exclamatifs, interrogatifs et concessifs

Cette section sera consacrée à une description rapide des emplois non relatifs de la proforme de manière, à savoir les emplois exclamatifs (2.2.1.), interrogatifs (2.2.2.) et concessifs (2.2.3.).

2.2.1. Emplois exclamatifs

Les spécificités de *comme* exclamatif ont été clairement identifiées : *comme* est susceptible de porter sur un adjectif (cf. (17)), un adverbe (cf. (18) ou un verbe (cf. (19)) graduables, ainsi que sur un verbe qui sous-catégorise un complément de manière (cf. (20)) :

(17)   Comme vous êtes dure, de lui causer tant de peine ! (Zola, *Au Bonheur des dames*)

(18)   Comme il court vite !

(19)   Comme il pleut !

(20)   Comme tu me traites ! (cit. Milner (1978 : 266))

À la différence de *que (de)* et de *combien (de)*, *comme* ne pourrait quantifier un nom, ce qui a donné lieu à différentes analyse : Bacha 2000 met cette caractéristique en relation avec le sens de manière initial de *comme*, tandis que Pierrard & Léard 2004 en déduisent que *comme* n'indique pas la quantité mais le degré. Grevisse (1986 : 662) donne un exemple de ce type de construction (*Comme on perd de trésors dans sa jeunesse !*, Flaubert) et indique que « *comme* dans cet emploi est rarissime » (*Ibid.* : 662).

La compatibilité de *comme* exclamatif avec des prédicats sous-catégorisant un complément de manière a été diversement interprétée : Rys (2006 : 223) y voit une trace de la valeur originelle de manière de *comme*, tandis que Milner 1978 conclut à l'existence de plusieurs morphèmes exclamatifs *comme*, caractérisés par la présence ou l'absence d'un trait /Quantité/.

Comme ci-dessus, l'interprétation de *comme* exclamatif est fortement corrélée aux propriétés du terme sur lequel porte la variable : associé à un adjectif ou un adverbe graduables, *comme* prend une valeur quantifiante. En présence d'un prédicat verbal, la valeur de la variable s'interprète en fonction des latitudes combinatoires de celui-ci : manière non quantifiante avec un prédicat verbal sous-catégorisant une variable de manière non quantifante (*Comme tu me traites !*), manière quantifiante avec un prédicat compatible uniquement avec une forme de manière quantifiante (*Comme il pleut !*), manière plutôt quantifiante, parfois qualifiante ou encore valeur largement indéterminée avec prédicat verbal qui admet les deux variantes (*Comme tu me souris ! ; Comme il parle ! ; Comme tu me parles ! ; Comme il travaille ! ; Comme elle les aimait !*).

De ce qui précède, on conclura à l'inutilité de postuler l'existence de plusieurs *comme* exclamatifs homophones. L'hypothèse d'une seule proforme de manière (quantifiante ou qualifiante selon les latitudes combinatoires de terme qu'elle affecte), plus économique, semble préférable.

En ce qui concerne la question de l'assertion, je reprendrai ici l'analyse proposée par Rys 2006, qui interprète l'exclamation comme une assertion non stabilisée. L'auteur utilise les travaux de Muller 1996, qui analyse l'exclamation comme étant « fondamentalement une assertion » (*Ibid.* : 63), l'interprétation intensive de l'exclamation étant corrélée à « l'assertion d'une énumération indéfinie de valeurs » (Rys 2006 : 219). Selon Rys (2006 : 219-220), « l'intensité qui caractérise les énoncés exclamatifs est l'effet de *l'instabilité* fondamentale de ce qui est 'asserté' : le degré est tel qu'il échappe à tout repère stable, c'est précisément parce qu'il se soustrait à toute stabilité qu'il est compris comme étant extrême ». Si le prédicat n'est compatible qu'avec la variante non quantifiante (cf. (22)), « l'emploi de *comme* produit un effet de valeur remarquable » (Fuchs & Le Goffic 2005 : 285).

2.2.2. Emplois interrogatifs

Il existe un consensus assez général parmi les auteurs pour considérer que les interrogatives directes en *comme* disparaissent au XVIIᵉ siècle, et que les interrogatives indirectes perdurent jusqu'au XVIIIᵉ siècle. De fait, si les interrogatives directes en *comme* sont aujourd'hui inexistantes, Grevisse (1986 : 1429) donne quelques exemples d'interrogatives indirectes :

(21)   Je ne sais plus comme il me soigna. (Duhamel, cit. Grevisse 1986 : 1429)

parfois réduite à la seule proforme, ce qui est caractéristique des morphèmes interrogatifs :

(22)   Vers deux heures du matin, sans savoir comme, Poulby se retrouva devant sa porte. (Henriot, cit. Grevisse 1986 : 1429)

Dans les exemples relevés par Grevisse, *comme* correspond systématiquement à une forme de manière non quantifiante. Il semble néanmoins vraisemblable que comme ci-dessus, la valeur, quantifiante, ou non, de la variable provienne pour l'essentiel du type de prédicat affecté. Seule une vérification sur un corpus plus important permettrait de corroborer cette hypothèse, ce que compromet d'une part la rareté des exemples, fréquemment qualifiés d'archaïsants, et d'autre part les limites parfois incertaines entre l'interrogation et l'exclamation indirectes.

Les interrogatives partielles sont caractérisées par un présupposé d'existence associé au terme sur lequel porte l'interrogation. Cet élément présupposé est nécessairement indéfini, et (21) présuppose *il me soigna d'une certaine manière*.

2.2.3. Emplois concessifs

Signalons enfin que, comme les autres proformes *qu-*, *comme* est susceptible d'apparaître en structure concessive :

(23) Comme qu'il en aille, je serai prêt. (Ramuz, cit. Grevisse 1986 : 1676)

(24) Comme qu'on retourne le problème, seul le oui permet de sauvegarder l'unité. (*Le Jura Libre*, cit. Grevisse 1986 : 1976)

Comme dans le cas précédent, les quelques exemples relevés par Grevisse 1986 correspondent à une forme de manière non quantifiante, ce qui est corrélé au type de prédicat avec lequel la variable est en relation. Comme ci-dessus, un nombre plus important d'exemples permettrait de constater la présence éventuelle de la variante quantifiante.

Dans ces constructions, *comme* correspond également à une variable de manière, et l'assertion centrale est présentée comme étant vraie pour toutes les valeurs attribuables à cette variable.

3. *COMME* N'EST PAS UNE PROFORME DE MANIÈRE.

3.1. Est-ce encore une proforme ?

Les constructions réunies dans cette section sont caractérisées par le fait que *comme* est nécessairement suivi d'un objet P complet, et qu'elles ne sont pas sujette à ellipse. Il s'agit pour l'essentiel de propositions d'analogie (cf. (25) et (26)), circonstancielles (cf. (27), (28) et (29)), et énonciatives (cf. (30) et (31)) :

(25) […] le gouvernement vous jettera mille francs d'appointements, comme on jette une soupe à un dogue de boucher. (Balzac, *Le père Goriot*)

(26) Le bonheur est la poésie des femmes, comme la toilette en est le fard. (Balzac, *Le père Goriot*)

(27) Comme elle s'éloignait, elle reconnut près d'elle Mme Marty, accompagnée de sa fille Valentine […] (Zola, *Au bonheur des dames*)

(28) Comme Denise évitait les moindres dépenses, elle montait se coucher de bonne heure. (Zola, *Au bonheur des dames*)

(29) Comme elle était contente de sa cuisinière, elle désirait lui donner une robe. (Zola, *Au bonheur des dames*)

(30) Comme l'avait dit la fausse comtesse, le père Goriot était un sournois, un taciturne. (Balzac, *Le père Goriot*)

(31) Tous deux allèrent dans une salle à manger où le vicomte attendait sa femme, et où resplendissait ce luxe de table qui sous la restauration fut poussé, comme chacun sait, au plus haut degré. (Balzac, *Le père Goriot*)

Ces constructions présentent des différences certaines en regard des précédentes, et *comme* semble difficilement analysable comme une proforme de manière. En effet, dans certains cas, le prédicat verbal de P enchâssé est incompatible avec un complément de manière (cf. (26)), tandis que dans d'autres, la présence d'un adverbial de manière ne modifie pas l'acceptabilité de l'énoncé :

(25')   [...] le gouvernement vous jettera mille francs d'appointements, comme on jette négligemment une soupe à un dogue de boucher.

(27')   Comme elle s'éloignait (rapidement + lentement), elle reconnut près d'elle Mme Marty, accompagnée de sa fille Valentine [...].

(28')   Comme Denise évitait soigneusement les moindres dépenses, elle montait se coucher de bonne heure.

(29')   Comme elle était très contente de sa cuisinière, elle désirait lui donner une robe.

De plus, certains énoncés attestés contiennent effectivement un adverbe de manière :

(32)   Puis, comme les vendeuses s'égayaient sournoisement de cette explication de famille, elle repris avec sévérité : [...] (Zola, *Au bonheur des dames*)

(33)   Mais l'apparition de la marquise, comme la nommait Clara méchamment, avait remué le rayon (Zola, *Au bonheur des dames*)

Enfin, lorsque P enchâssé contient une négation, celle-ci porte sur le prédicat verbal :

(34)   Comme il n'y avait pas de chambre disponible dans l'hôtel que le colonel et sa suite avaient envahi, miss Lydia poussa la condescendance ou la curiosité jusqu'à offrir à Melle Della Rebbia de lui faire dresser un lit dans sa propre chambre. (Mérimée, *Colomba*)

La question du présupposé est plus délicate. En effet, le contenu de la proposition introduite par *comme* est présenté comme étant vrai, il est donc présupposé, et pris en charge par le locuteur. Cependant, dans le cas des circonstancielles par exemple (*Comme il pleuvait, il décida de travailler*), la subordonnée présuppose la vérité de la prédication subordonnée *à un certain moment* (*Il pleuvait à ce moment-là*). Mais rien n'indique si cette caractéristique provient de *comme*, qui serait alors une proforme « circonstancielle », ou simplement du fait que toute prédication est nécessairement située dans un espace-temps donné.

3.2. *Comme* n'est pas une proforme

Je m'intéresserai dans cette section à des emplois de *comme* qui correspondent à des stades plus avancés de grammaticalisation.

3.3. *Comme quoi* en structure intégrée

Comme quoi permet d'enchâsser une structure propositionnelle à l'intérieur d'un syntagme nominal ou verbal :

(35)   L'information précipitée comme quoi ce pâtre congelé, et peut-être épileptique, aurait été castré selon un rite initiatique du néolithique faisant de lui un chaman se révèle, pour finir, sans fondement. (Sollers, *Le secret*)

(36)   Et tout le village à dauber comme quoi elle l'avait sans doute bien cherché. (Queffelec, *Les noces barbares*)

Lefeuvre (2003a et b) a montré que *comme quoi* ne peut être analysé comme une variante de *que* complétif (ces éléments ne sont pas interchangeables), et qu'il ne s'agit pas non plus d'une structure de type *Préposition + Quoi relatif*. Fuchs & Le Goffic 2005 interprètent *comme* comme une forme de l'adverbial de manière, selon le schéma : « comme quoi (= comme ce que) P (est) » (*Ibid.* : 281). Pour ma part, j'y verrai volontiers une forme de grammaticalisation.

Sur le plan sémantique, Lefeuvre (2003a et b) indique que ces constructions ont rapport à l'énonciation, en relation avec le type de nom ou de verbe support. L'auteur analyse *comme quoi* comme un « connecteur énonciatif » (Lefeuvre 2003 : 278) qui « introduit le discours direct en présentant explicitement un double parcours, l'un sur les conditions d'énonciation entre le discours qu'aurait prononcé le locuteur et les faits, l'autre sur les paraphrases émises pour rapporter le discours de ce locuteur » (*Ibid.* : 278). L'emploi de *comme quoi* fait donc référence à des propos effectivement tenus, tout en manifestant une distanciation du locuteur quant à la véracité de la forme dans laquelle ces propos ont été initialement formulés.

3.4. Emplois qualifiants

Les emplois regroupés, d'après la terminologie de Damourette & Pichon 1911-1940, sous l'étiquette de « qualifiants » correspondent à toute une palette de constructions, dont chacune devrait faire l'objet d'une description minutieuse. En effet, la construction peut être intégrée ou détachée :

(37)   Comme médecin, il est tenu au secret médical.

(38)   Nous venons ici comme témoin (Mérimée, *Colomba*)

Si, dans les constructions détachées, *comme* est essentiellement suivi d'un nom « nu », dans les constructions intégrées, différents segments peuvent succéder au morphème (nom nu, syntagme nominal, adjectif, participes passé ou présent) :

(39)   Le juge ne douta pas que le colonel n'eût voulu désigner Agostini comme son assassin. (Mérimée, *Colomba*)

(40)   Sans doute, il manœuvrait ainsi pour ne pas être balayé par une force qu'il reconnaissait maintenant comme supérieure. (Zola, *Au bonheur des dames*)

(41)   Je considère ce point comme acquis

(42)   En conscience, je vous dois mille écus, car je me suis considérée comme étant de moitié avec vous. (Balzac, *Le père Goriot*)

Du fait que le segment introduit par *comme* correspond soit à un attribut, soit à une apposition, ces constructions contiennent une prédication seconde, à laquelle est corrélée la question de l'assertion. Plus précisément, il s'agit de déterminer si la prédication seconde présuppose ou non *SN est X*. De nombreux paramètres doivent être pris en considération, en particulier la présence ou l'absence de détachement, le type d'élément à droite de *comme*, le cas échéant le type de nom à droite de *comme*, le type de prédicat, *etc.* La question est d'autant plus complexe que l'assertion *SN est X* peut n'être valide que dans un univers de croyance spécifique :

(43) Pierre se considère comme un habile homme d'affaire, mais moi je le considère comme un escroc.

Un seul cas semble relativement clair : en construction détachée, lorsque à droite de *comme* se trouve un nom susceptible d'occuper sans déterminant une position prédicative (cf. Beyssade & Dobrovie-Sorin 2005), *i.e.* correspondant à une profession, une fonction, un titre, *etc.*, la structure présuppose *SN est X*. Ce présupposé semble fortement corrélé à des propriétés du nom : *comme* est suppressible sans nuire à l'acceptabilité de l'énoncé et sans modification du présupposé (*Médecin, il est tenu au secret médical*), ce qui est loin de correspondre au cas général (cf. *Comme ombrelle, ce parapluie fera l'affaire* vs * *Ombrelle, ce parapluie fera l'affaire*).

3.5. Emploi métalinguistique

J'évoquerai pour finir l'occurrence de *comme* qualifiée d'« approximante » par Damourette & Pichon 1911-1940 :

(44) Il éprouva comme un sentiment de joie mêlé de tristesse. (Balzac, *La cousine Bette*)

(45) Il grimpait comme magiquement (Hugo, *Les Misérables*)

(46) La princesse et la marquise se visitaient dans la première matinée, et comme en secret. (Balzac, *Les secrets de la princesse de Cadignan*)

(47) La maison entière avait comme disparu. (Zola, *Le docteur Pascal*)

(48) Il était frappé comme d'un coup de foudre. (Balzac, *Sarrasine*)

À la différence des constructions comparatives, *comme* y est suppressible :

(44') Il éprouva un sentiment de joie mêlé de tristesse.

(45') Il grimpait magiquement.

(46') La princesse et la marquise se visitaient dans la première matinée, et en secret.

(47') La maison entière avait disparu.

(48') Il était frappé d'un coup de foudre.

et peut, le cas échéant, occuper différentes positions dans l'énoncé.

(48'') Il était comme frappé d'un coup de foudre.

D'un point de vue syntaxique, « *comme* se comporte davantage comme un modifieur de type adverbial (un modalisateur) portant sur l'élément qui lui fait suite que comme un morphème subordonnant ou une préposition » (Moline (1996 : 264)). Le morphème « n'établit pas une relation entre deux procès, mais entre deux manières de dire » (*Ibid.* : 267)), ce que met en évidence la paraphrase possible par *pour ainsi dire*. Le morphème indique qu'une assertion (affirmative) « ne peut être effectuée : en employant *comme X*, le locuteur signifie à la fois *On ne peut pas vraiment dire X*, et *On ne peut pas ne pas faire référence à X* » (*Ibid.* : 267), et provoque une suspension de l'assertion.

CONCLUSION

L'analyse de *comme* en tant que proforme *qu-* de manière semble opératoire pour rendre compte du fonctionnement d'un nombre important de constructions, caractérisées par une indéfinition fondamentale, laquelle engendre une impossibilité d'asserter. Cette analyse ne peut cependant pas être étendue à tous les emplois de *comme*. Dans certaines constructions, le contenu de la proposition à droite de *comme* est présupposé, et le morphème s'apparente à une conjonction. Dans d'autres, le processus de grammaticalisation semble plus avancé, et les rapports à l'assertion sont diversifiés. Toutes ces constructions doivent bien évidemment faire l'objet d'études approfondies.

Références

BACHA J. (2000), *L'exclamation. Approche syntaxique et sémantique d'une modalité énonciative*, Paris, L'Harmattan.

BEYSSADE C. & DOBROVIE-SORIN C. (2005), A Syntax-based Analysis of Predication, SALT XV, http://beyssade.free.fr/TLchargeables/SALT.pdf.

DAMOURETTE J. & E. PICHON (1911-1940), *Des mots à la pensée, Essai de grammaire de la langue française*, Paris, D'Artrey.

DELABRE M. (1984), « *Comme* opérateur d'inclusion référentielle », *Lingvisticae Investigationes VIII-1*, 21-36.

DESMETS M. (1998), « Identification de deux constructions en *comme* : causalité et comparaison », *Linx* 39-2, 89-118.

DESMETS M. (2001), *Les typages de la phrase en HPSG : le cas des phrases en* comme, Thèse de Doctorat (NR), Université Paris-X.

FOHLIN M. (2006), La modification adverbiale de l'adjectif d'un point de vue comparatif suédois-français, http://www.ruc.dk/isok/skriftserier/XVI-SRK-Pub/JUS/JUS02-Fohlin/.

FUCHS, C. & LE GOFFIC P. (2005), « La polysémie de *comme* », *La Polysémie*, PUPS, 267-291.

GREVISSE M. (1986), *Le Bon Usage*, Paris-Bruxelles, Duculot.

GOLAY J.-P. (1959), « Le complément de manière est-il un complément de circonstance ? », *Le Français Moderne*, 65-71.

HADERMANN P. (1993), *Étude morphosyntaxique du mot* où, Paris-Louvain-la-Neuve, Duculot.

LÉARD J.-M. & PIERRARD M. (2003), « L'analyse de *comme* : le centre et la périphérie », Hadermann, Van Slijcke & Berré éds, *La Syntaxe raisonnée, Mélanges de linguistique générale et française offerts à Annie Boone*, Bruxelles, Duculot, 203-234.

LEFEUVRE F. (2003a), « La proposition introduite par *comme quoi* », *Lingvisticae Investigationes*, XVI-2, 259-283.

LEFEUVRE F. (2003b), « *Comme quoi* en diachronie », *Verbum XXV-4*, 455-468.

LE GOFFIC P. (1991), « *Comme*, adverbe connecteur intégratif : éléments pour une description », *Travaux de linguistique du CERLICO*, 4, 11-31.

LE GOFFIC P. (1992), *Grammaire de la phrase française*, Paris, Hachette.

LE GOFFIC P. (1994), « Indéfinis, interrogatifs, relatifs (termes en qu-) : parcours avec ou sans issue », *Faits de langue*, 4, 1-9.

LE GOFFIC P. (2002), « Marqueurs d'interrogation / indéfinition / subordination : essai de vue d'ensemble », *Verbum*, XXIV-4, 315-340.

MILNER J.-C. (1978), *De la Syntaxe à l'interprétation. Quantité, insultes, exclamations*, Paris, Seuil.

MOLINE E. (1996), « *Y'a comme un problème* : un emploi métalinguistique de *comme* », *Champs du signe*, Toulouse, PUM, 249-277.

MOLINE E. (1998), « *C'est juste une fille comme toi et moi* : un exemple de relatives en *comme*. De la comparaison au prototype », *Revue Romane 33-1* : 67-86

MOLINE E. (2001), « *Elle ne fait rien comme tout le monde*, les modifieurs adverbiaux de manière en *comme* », *Revue Romane 36-2*, 171-192.

MOLINE E. (2006), « *Et comme minuit allait sonner...* Pour en finir avec la partition temporelles *vs* causales », *Cahiers Chronos*, 15, 63-90.

MOLINIER C. & LEVRIER F. (2000), *Grammaire des adverbes : description des formes en –ment*, Genève-Paris, Droz.

MULLER C. (1989), « Sur la syntaxe et la sémantique des relatives indépendantes et des interrogatives indirectes partielles », *Revue romane*, 24-1, 13-48.

MULLER C. (1993), « La Syntaxe des concessives extensionnelles du français », *Travaux linguistiques du CERLICO*, 6, 169-206.

MULLER C. (1996), *La Subordination en français. Le schème corrélatif*, Paris Armand Colin.

NØLKE H. (1993), *Le Regard du locuteur, Pour une linguistique des traces énonciatives*, Paris, Kimé.

PIERRARD M. (1998), « Proformes indéfinies et prédication complexe », Forsgren, Jonasson & Kronning éds, *Prédication, Assertion, Information, Actes du colloque d'Uppsala*, Uppsala, Acta Universitatis Upsaliensis, 423-432.

PIERRARD M. (2002), « *Comme* préposition ? Observations sur le statut catégoriel des prépositions et des conjonctions », *Travaux de linguistique*, 44, 69-78.

PIERRARD M. (2004), « Les emplois prépositionnels de *comme* : de la prédication à la qualification », *Actes du XXIIIe Congrès de linguistique et de philologie romanes (Salamanca)*, Tübingen, Niemeyer, 3, 257-269.

PIERRARD M. & LÉARD J.-M. (2004), « *Comme* : comparaison et haut degré », *Travaux linguistiques du CERLICO*, Lefeuvre et Noailly éds, P.U.R., 17, 269-286.

PIERRARD M. & LÉARD J.-M. (2006), « Proformes indéfinies et expressions indéfinies : à propos du lien entre indéfinition et prédication », Corblin, Ferrando & Kupferman éds, *Indéfini et prédication*, Paris, PUPS, 493-506.

RYS K. (2006), « L'exclamation : assertion non stabilisée ? Le cas des mots en *qu*- », *Revue Romane 41-2*, 216-238.

VENDLER Z. (1967), *Verbs and Time, Linguistics in Philosophy*, New York, Cornell University Press, 97-121.

Pascale Hadermann[1]
Université de Gand & Gramm-R

De la concession au libre choix en passant par la polarité : le cas de *où que* P et de *n'importe où*

I. OBJECTIF

Cette étude vise à approfondir la question du fonctionnement de *n'importe où* et de *où que* P à la lumière des théories récentes sur les expressions de libre choix et sur les expressions à polarité négative, tout en tenant compte du rapport syntaxique que ces types d'expressions peuvent assumer au sein de la phrase. Les exemples ci-dessous illustrent la diversité de ces rapports : élément associé – non régi par le verbe – en (1) et (2), adjoint locatif – à incidence extraprédicative – en (3), et complément locatif – à incidence intraprédicative – en (4)[2].

1. ... il l'aspergea longtemps avec l'eau sacrée du Gange que les Indiens doivent toujours emporter avec eux, **où qu'**ils aillent. (Maupassant)

2. Aucune piste ne sera abandonnée, **où qu'**elle conduise. (*Le Monde* 1998)

3. ... dormir sur la paille ou sur le fumier, quelque part, **n'importe où**, car on ne donne pas un lit à ces va-nu-pieds. (Maupassant)

4. Tous les incinérateurs de France rejettent de la dioxine et ce que reçoit le sol d'Halluin vient de **n'importe où**, y compris de Belgique. (*Le Monde* 1998)

Nous montrerons que le rapport syntaxique entre *n'importe où* ou *où que* P et le noyau verbal influence jusqu'à un certain niveau leur fonctionnement sémantique. De plus, à travers la prise en compte d'indices cotextuels, nous essaierons de mieux appréhender « l'indéfinitude » de nos deux structures, qui

---

1. Pascale.Hadermann@UGent.be

2. Voir Blanche-Benveniste *et alii* (1990) pour la rection et Hadermann (1993) pour les fonctions des locatifs.

ARTICLE ON LINE

peuvent référer à un ensemble de lieux dont le nombre n'est pas spécifié (ex. 1), traduire une extraction aléatoire d'un des lieux de l'ensemble (ex. 2, 3) ou encore impliquer le parcours de l'ensemble dans son entièreté (ex. 4).

2. CADRE

Dans la littérature récente, l'étude des expressions en *n'importe qu-* et en *qu-que* a pris une ampleur importante. Dans ce qui suit, nous résumerons les principales conclusions des descriptions menées par Denis Paillard et par Claude Muller, respectivement dans le domaine des structures en *n'importe qu-* et dans celui de *n'importe qu-* par rapport à *qu- que ce soit*. Bien qu'il existe de nombreuses autres contributions intéressantes sur ces termes – songeons entre autres aux descriptions de Larrivée (2005) et de Jayez & Tovena (2005) pour le français –, celles de Paillard et de Muller sont extrêmement pertinentes pour notre propos car elles appréhendent les phénomènes de l'intérieur et de l'extérieur : Paillard est particulièrement attentif aux éléments co(n)textuels et Muller compare le paradigme en *n'importe qu-* à celui en *qu- que ce soit*.

2.1. L'approche de Paillard (1997)

Paillard se concentre exclusivement sur la série *n'importe qui, n'importe quoi* et *n'importe quel N* (les *NI*), pour laquelle il distingue deux formes de « variation ». La « variation interne » lui permet d'isoler trois classes d'énoncés :
a) ceux qui neutralisent la singularité : dans *Ce livre est à la portée de n'importe quel lecteur*, NI « ne désigne pas un terme particulier mais renvoie à un terme possible » (Paillard 1997 : 102).
b) ceux qui déprécient la singularité : dans *Je dis n'importe quoi, tellement je suis ému*, « la non-prise en compte de la singularité signifie une remise en cause de l'instanciation du terme compte tenu précisément de sa singularité » (*idem* : 105).
c) ceux qui radicalisent la singularité : *Je ne suis pas n'importe qui*.

La « variation externe », quant à elle, réfère aux types de configuration dans lesquels apparaissent les *NI*. Certains énoncés contamineraient en effet le fonctionnement des *NI* et par conséquent leur rapport à la « singularité » des termes possibles : énoncés itératifs, à l'impératif, énoncés à valeur modale, avec une dimension (polarité) négative,…

L'intérêt de l'analyse de Paillard réside dans cette double approche de la valeur référentielle d'une part et de l'apport co(n)textuel à la détermination de cette valeur d'autre part.

2.2. L'approche de Muller (2006)

Déjà invoqué rapidement par Paillard, le concept de polarité se trouve au centre de l'étude de Muller, qui l'exploite pour montrer les divergences et les convergences entre *n'importe qu-* et *qu- que ce soit*. *Qu- que ce soit* se caractériserait en premier lieu par sa sensibilité à la polarité négative[3] ; *n'importe qu-* serait avant tout un marqueur de libre choix.

2.2.1. La polarité (négative)

La polarité, notion étroitement liée au concept d'échelle et plus précisément d'extrémité d'échelle (ou de pôle), est généralement utilisée pour décrire l'emploi de termes qui, normalement, réfèrent à une des extrémités, mais qui en arrivent aussi à désigner l'ensemble des valeurs de l'échelle. La polarité est souvent mise en rapport avec la notion de (non)-monotonicité, qui marque le (non)-respect d'un ordre donné : elle sera dite à orientation « monotone croissante » lorsque le sens de l'échelle est respecté ; dans le cas d'un renversement, par exemple sous l'effet de la négation, elle sera qualifiée de « monotone décroissante ».

C'est dans des contextes à polarité monotone décroissante, où « une quantité minimale implique la même valeur de vérité pour toute quantité supérieure » (Muller 2006 : 11), que l'on voit apparaître la séquence en *qu- que ce soit* ; l'expression assume la fonction de quantifiant universel (5), sans toutefois ignorer l'utilisation existentielle (6).

5.   Il n'a jamais dit de bien de **qui que ce soit**, par peur de se déprécier (A. Jardin ; Muller 2006 : 13)

6.   L'idée de vous devoir **quoi que ce soit** m'est intolérable et je crois que, si c'était à recommencer, je préférerais mourir de faim plutôt que de m'asseoir à votre table. (A. Gide ; Muller 2006 : 17)

2.2.2. Le libre choix

Les expressions de libre choix en *n'importe qu-* sont caractérisées par une orientation monotone croissante[4], c'est-à-dire qu'elles réfèrent à l'ensemble de l'échelle et se comportent essentiellement (mais pas exclusivement, cf. 8) comme des quantifiants universels (7) : « selon le nombre, la saisie se fait individu par individu ou est plurielle » (Muller 2006 : 26, cf. *supra* : les trois cas de figure chez Paillard).

7.   **N'importe qui** l'observant en ce moment, dans la buanderie, le trouverait bizarre. (G. Dormann ; Muller 2006 : 22)

8.   Je t'emprunte **n'importe quel** tournevis, ils sont tous pareils. (Muller 2006 : 11)

N'importe qu- exprime d'une part une extraction aléatoire opérée sur un ensemble d'éléments et présuppose d'autre part que l'élément choisi arbitrairement peut être remplacé par n'importe quel autre élément de l'ensemble sans

---

3. Muller considère qu'un terme « est à polarité négative (désormais, TPN) s'il peut être construit dans la portée de la négation *(ne) pas*, et s'il ne peut être construit dans la phrase correspondante sans négation. Ainsi, *en démordre* est un TPN parce qu'on a une différence d'acceptabilité selon qu'il y a ou pas *ne pas* dans la phrase : *Luc n'en démord pas //*Luc en démord* ». Et il ajoute : « Malgré cette dénomination, la négation n'est pas toujours nécessaire pour permettre l'occurrence des TPN. Il importe donc de définir les contextes à polarité négative. Un contexte est à polarité négative (désormais, CPN) s'il permet l'occurrence des TPN. Ainsi, *ça m'étonnerait* est un CPN parce qu'on peut dire : *Ça m'étonnerait qu'il en démorde.* » (Muller 1991 : 69 ; cité par Palma 2006 : 3).

4. Les expressions de libre choix impliqueraient « des échelles de quantité sans renversement vers zéro » (Muller 2006 : 10).

entraîner de différences sur les valeurs de vérité des énoncés (cf. Haspelmath & König 1998 ; cités par Leuschner 2006 : 21).

2.2.3. Polarité et libre choix : contextes

Chaque paradigme peut, dans des contextes précis – que Muller décrit minutieusement –, se rapprocher de l'autre : *n'importe qu-* assumera ainsi des emplois à polarité (9) et inversement *qu- que ce soit* acceptera d'exprimer le libre choix (10).

9. Dans les circonstances présentes, il est impossible que pour elle ou pour **n'importe qui** d'autre je puisse ressentir quoi que ce soit qui dépasse l'amitié. (C. Du Bos ; Muller 2006 : 24)

10. Celui-ci cherchait **quoi que ce soit** de cinglant (A. Gide ; Muller 2006 : 19)

En (9), c'est la présence du verbe *pouvoir* sous la portée de *il est impossible que* qui oriente *n'importe qui d'autre* vers la polarité : à partir d'un seul être, la valeur de vérité sera étendue à tous les êtres de l'ensemble. En (10), la référence de *quoi que ce soit de cinglant*, sous la dépendance de *chercher*, reste « non-spécifiée », ce qui rapproche l'expression des termes de libre choix : *quoi que ce soit* renvoie, aléatoirement, à un des termes possibles de l'ensemble des éléments « cinglants ».

Dans ce qui suit, nous proposons un inventaire d'indices cotextuels déclencheurs de l'une ou l'autre dénotation. Toutefois, cet inventaire, qui s'appuie sur l'analyse de Muller, est à manier avec la plus grande prudence, car il sera souvent possible de trouver dans un contexte, normalement propice à un type de dénotation, l'autre valeur (voir à ce sujet Muller, 2006 : 24-25).

Indice	Polarité	Libre choix
Négation	X	X[5]
Concession	X	
Interrogatif (visant une réponse négative)	X	
Hypothétique	X	
Comparatif	X	X
« trop pour »	X	
« le seul »	X	
« à peine »	X	
Sens vers zéro (e.a. contexte virtualisant)	X	
Compléments avec « pour »	X	
Verbe modal/construction modalisée		X
Conditionnel verbal		X
Situation répétée/propriété d'un collectif		X
Phrase générale		X
Énumératif		X
Impératif		X
Dépréciatif/discriminant		X

5. Avec le libre choix, la négation ne débouche pas sur une quantité zéro, ce contrairement aux contextes à polarité (voir Muller 2006 : 23) : *Tu ne peux pas répondre n'importe quoi.*

3. POURQUOI UNE ÉTUDE SUR *N'IMPORTE OÙ* ET *OÙ QUE* ?

Malgré l'exhaustivité des travaux consacrés au libre choix et à la polarité, une étude des séquences en *n'importe où* ou en *où que* apportera un complément d'information utile, car les analyses antérieures n'ont pas pris explicitement en considération ces structures, et la question se pose de savoir si elles peuvent être assimilées telles quelles aux autres formes de la série en *n'importe qu-* ou en *qu- que*. Voici ce qu'affirme Paillard (1997 : 100 – note 1) :

> « Nous avons limité notre étude à trois indéfinis et nous ne dirons rien de *n'importe où*, *n'importe quand*, *n'importe comment* qui, en raison de la nature du deuxième constituant, ont des fonctionnements particuliers. »

Dans ce qui suit, nous présenterons les emplois spécifiques que nous avons pu observer pour les structures dans un corpus journalistique constitué d'occurrences du *Monde diplomatique* publié entre 2000 et 2005, complétées par celles du *Monde* 1998 et de quelques exemples de *La Libre Belgique* 2006. Nous montrerons les effets de la lexicalisation que nos séquences ont subie, l'importance de la place et de la fonction qu'elles occupent au sein de l'énoncé de même que l'influence de facteurs cotextuels dans l'interprétation sémantique. Enfin, nous illustrerons comment *n'importe où* et *où que* oscillent de l'expression de la concession au libre choix en passant par la polarité.

4. *OÙ QUE*

Où que est suivi d'une proposition P qui est le plus souvent incidente à la proposition Q dans son intégralité et qui qualifie le procès exprimé en Q.

    11.   Elle ne pouvait fuir le monde, il la poursuivait, **où qu'**elle se trouvât. (*Figaro littéraire* ; Togeby, 1982, t. 1 : 501)

Or, la langue va vers une réduction du nombre de verbes pouvant figurer en *où que* P : les verbes les plus fréquemment attestés sont *être*, *se trouver* et *venir* (ce dernier apparaissant dans des structures en *d'où que*). Cette restriction aboutit à la création d'une locution lexicalisée, *où que ce soit* :

    12.   ... je me joindrais à toute résistance française qui s'organiserait **où que ce soit**. (de Gaulle, *Mémoires de guerre* : 269)

Au fil de cette lexicalisation, le rapport que *où que* P entretient avec Q, avec son prédicat ou avec d'autres éléments de l'énoncé se diversifiera : il sera complément auprès d'un verbe à valence locative, adjoint ou associé locatif dans les autres cas de figure et, selon qu'il entre dans une relation plus ou moins étroite avec le prédicat, il se trouvera antéposé, intercalé ou postposé à l'énoncé Q. Dans ce qui suit, nous examinerons l'impact de la position sur le statut et sur la valeur sémantico-pragmatique de *où que* P.

4.1. L'antéposition

Dans les exemples (13) et (14), la séquence *où que* P est incidente à la proposition Q et sert à l'intensifier : elle impose le parcours d'un ensemble non limité de lieux et en même temps elle souligne que l'existence de cet ensemble n'importe pas à la réalisation de ce que la principale énonce.

13. Tu n'es pas seul, disait ce signe ; et aussi : aussi loin que tu ailles sur les mers, **où que** tu ailles te cacher, tu seras scruté. (*Le Monde diplomatique* 2004) > concession + Polarité négative (= PN ; cf. verbe au futur > virtualisant)

14. Idéalement, et **où qu'**ils se trouvent, les individus devraient s'identifier étroitement à un sous-groupe ethnique, sexuel, linguistique, racial ou religieux, au détriment d'une définition de soi qui passerait par l'appartenance à un pays, ou même à une classe sociale ou à une caste professionnelle de ce pays, et encore moins par une identification en tant qu'élément de la « race humaine ». (*Le Monde diplomatique* 2000) > concession + glissement vers Libre Choix (= LC ; cf. sens distributif)

Dans ces énoncés, nous avons affaire à une « concessive hypothétique »[6] :

13'. **Où que** tu ailles te cacher, tu seras scruté.
➤ Si tu vas à x, tu seras scruté.
➤ Si tu vas à y, tu seras scruté.
➤ Si tu vas à z, tu seras scruté.

Référentiellement, (13) et (14) ne fonctionnent cependant pas tout à fait de la même manière : (13) s'apparente aux emplois à polarité : *où que P* y implique le parcours des lieux possibles de l'ensemble ; à partir du renvoi à une quantité minimale – en l'occurrence un lieu –, la valeur de vérité se trouve vérifiée pour toute quantité supérieure – tous les lieux de l'ensemble – (cf. *supra*). En (14), pourtant construit sur le même modèle, le sens de *où que P* se rapproche du libre choix : la paraphrase serait « les individus se trouvant à x, ceux se trouvant à y,… devraient s'identifier à un sous-groupe ethnique » plutôt que « si les individus se trouvaient à x ou à y ou… ils devraient s'identifier… ». Cette interprétation est sans doute facilitée par le sens même du verbe *s'identifier* : l'on s'identifie généralement à une seule autre personne ou à un seul autre groupe. Notons encore la présence du conditionnel qui crée un contexte virtualisant mais qui, en soi, ne serait pas toujours discriminant pour les emplois de polarité ou de libre choix (cf. Muller 2006 : 24).

4.2. L'insertion

Dans l'exemple (15), la structure en *où que P* est insérée (avec cependant un détachement) à Q et elle établit à nouveau une relation concessive hypothétique avec Q.

15. … celui qui n'a pas de racines, hésite toujours entre deux opinions, et finira, **où qu'**il aille, roué de coups. (*Le Monde* 1998) > concession + PN (cf. verbe au futur)

---

6. « CCs [=concessive conditionals] are basically conditionals which relate a set of antecedent values to a single consequent […]. UCCs [=universal concessive conditionals] [do so] by means of a quantificational expression consisting of a WH word (or phrase) and a prefix of indifference or a particle. » (Leuschner 2006 : 19). Selon König (1992 : 432 ; cité par Leuschner 2006), les concessives hypothétiques seraient le résultat d'une « syntacticization of a dialogue type of discourse ». Cette idée se retrouve chez Béguelin (2002), qui l'applique aux constructions en *n'importe qu-*.

En (16), nous avons l'impression de quitter le domaine de la concession aussi bien que celui de la polarité pour glisser vers le libre choix ; ce glissement est sans doute facilité par le verbe *appeler* qui, ici, prend un sens impératif pour lequel il a été démontré par Paillard et par Muller qu'il est favorable aux interprétations de libre choix.

16. C'est en février 1989 que l'« islam en France » devient un objet médiatique de premier plan, quand Ruhollah Khomeiny lance, depuis Téhéran, une fatwa appelant les musulmans, **où qu**'ils se trouvent, à tuer l'auteur des Versets sataniques, Salman Rushdie, d'origine indienne et résidant en Grande-Bretagne. (*Le Monde diplomatique* 2004) > LC (cf. proche de valeurs impératives)

De même, en (17), l'effet purement concessif semble céder peu à peu la place au libre choix, *chacun* étant une proforme à valeur distributive et envisageant les référents un par un.

17. Il [le livre de Gilbert Meynier] est aussi une thérapie de la conscience de chacun qui découvre, **où qu**'il soit, **d'où qu**'il vienne, combien ce qui lui était dit dans le moment où les choses se passaient était loin de la réalité et combien chacun adhérait, naïvement ou cyniquement, à l'interprétation des événements qui répondait à ses illusions lyriques ou à ses projets politiques. (*Le Monde diplomatique* 2003) > concession + glissement vers LC (cf. « chacun »)

Dans l'énoncé suivant, par contre, nous retrouvons l'emploi à polarité et la référence de *d'où que P* se trouve spécifiée par le complément postérieur qui actualise les lieux possibles : *de droite comme de gauche*.

18. Conçu dans l'esprit subversif des maîtres de l'école de Francfort (Adorno, Benjamin, Marcuse), il propose une boîte à outils conceptuels permettant de se défendre contre toute manipulation des esprits **d'où qu**'elle vienne, de droite comme de gauche. (*Le Monde diplomatique* 2002) > concession + PN

Ce type de construction, qui explicite après coup l'interprétation de la séquence, n'est pas attesté pour *n'importe où* ; il n'est pas possible de compléter référentiellement *n'importe où* en lui associant des lieux concrets. Ainsi, dans les exemples suivants, *n'importe où* réfère à un ensemble de lieux possibles seulement partiellement actualisés par la série énumérative (19a) ou par l'extraction d'un pays tel que la Belgique (19b) :

19. a. Tous les incinérateurs de France rejettent de la dioxine et ce que reçoit le sol d'Halluin vient de **n'importe où**, de France, de Belgique,...
     b. Tous les incinérateurs de France rejettent de la dioxine et ce que reçoit le sol d'Halluin vient de **n'importe où**, y compris de Belgique. (*Le Monde* 1998)

Ces exemples illustrent bien les contraintes liées à l'orientation monotone croissante des marqueurs de libre choix. Notons cependant que la présence d'un négateur peut inverser le sens de cette orientation et donc rendre acceptable l'emploi de *n'importe où* suivi d'une localisation spécifique :

     c. Tous les incinérateurs de France rejettent de la dioxine et ce que reçoit le sol d'Halluin *ne* vient *pas* de **n'importe où** mais de Roncq.

Dans les énoncés (20) et (21) figure la structure *où que ce soit* qui, de par son détachement, ne peut pas être considérée comme étant entièrement lexicalisée : le sens est toujours proche de celui des concessives hypothétiques bien que l'indice cotextuel, à savoir la négation, soit celui qui caractérise également les emplois à polarité. En outre, dans le deuxième exemple, la séquence en *où que* contient le locatif *dans le monde* et prend le sens de « partout dans le monde » : *où que ce soit* en arrive à quantifier le locatif *dans le monde*.

20. Nous ne permettrons à personne, **où que** ce soit, d'empêcher l'accès de nos ordinateurs, de nos Palm Pilot et de nos BlackBerry aux besoins essentiels : cotations de la Bourse, résultats sportifs, prix de l'immobilier, recettes de cuisine et porno (d'accord, nous n'avons pas inventé le porno). (*Le Monde diplomatique* 2001) > PN (cf. négation)

21. Le développement de la production agricole est favorisé par les progrès, mais il est menacé par la raréfaction de certains facteurs de production. Il ne saurait être promu, **où que** ce soit dans le monde, par la mise en œuvre hâtive de découvertes et la persistance de pratiques menaçant l'environnement. (*Le Monde diplomatique* 2004) > PN (cf. négation ; *où que ce soit* + complément : *où que ce soit* devient quantifieur de *dans le monde*).

4.3. La postposition

Dans le cas de la postposition, il y a lieu de tenir compte de la fonction qu'assume la structure en *où que P* par rapport à *Q*. Lorsqu'elle se trouve encore détachée de *Q*, elle fonctionne comme élément associé et recevra le plus souvent une interprétation concessive hypothétique, proche de la polarité :

22. Aucune piste ne sera abandonnée, **où qu**'elle conduise. (*Le Monde* 1998) > concession + PN (cf. négation)

23. Elle [l'eau] se transforme en richesse pour ceux qui peuvent l'accaparer, **où qu**'elle soit. (*Le Monde diplomatique* 2001) > concession, mais portée ambiguë

Le dernier exemple se caractérise par une certaine ambiguïté quant à la portée de *où que P* qui, selon une première lecture, qualifie *l'eau se transforme en richesse* ; une deuxième lecture consiste à établir un lien avec le verbe de la relative *accaparer* précédé de *pouvoir* : *ils peuvent l'accaparer, où qu'elle soit*. Dans ce cas, *où que P* tend vers le libre choix.

Nous retrouvons cette possibilité de double lecture dans l'exemple (24) : *où que P* pourrait se rapporter à *contrôlée* ou à *surveiller*. Pour ce qui est de cette dernière interprétation, il est à noter que *surveiller* dépend de l'expression modalisante *capable de* et que la séquence qui précède *où que P* est de type énumératif et distributif avec *chacun*, deux facteurs qui favorisent les emplois de libre choix (cf. Muller 2006).

24. Tout désigne en McDonald's l'incarnation du style néolibéral américain : sa stratégie globale, son art impayable de la formule, la démesure de ses techniques promotionnelles, son organisation de travail ultra-rationalisée (contrôlée par le génie d'un système comptable informatisé capable de surveiller la productivité de chacune des caisses enregistreuses, dans chacun de ses restaurants, **où que** ce soit sur la planète). (*Le Monde diplomatique* 2000) > LC (cf. *capable de*, *chacun* et énumération)

De même, l'énoncé suivant, qui est de type habituel, privilégie une lecture en *libre choix*. Remarquons que, tout comme dans l'occurrence précédente, *où que P* comporte un complément locatif qu'il quantifie.

25.   … depuis plusieurs années, cinq étudiants, garçons et filles, d'Oberlin, dans l'Ohio (États-Unis), s'exhibent en ligne (www.hereandnow.net) tous les jours, vingt-quatre heures sur vingt-quatre, **où qu**'ils soient dans les deux étages de leur maison. (*Le Monde diplomatique* 2001) > LC (cf. action répétée)

Dans les deux exemples (26) et (27), la structure en *où que P* n'est pas détachée et elle assume la fonction d'adjoint locatif. Son interprétation, qui n'est pas sans rappeler le fonctionnement des concessives hypothétiques, se rapproche de la polarité en (26).

26.   Kassim est devenu aussi célèbre dans la région que bien des dirigeants, au point de prendre un bain de foule **où qu**'il se rende. (*Le Monde diplomatique* 2000) > concession + PN (cf. *au point de* : idée de comparaison au sens large)

Notons en (27) la présence de *n'importe où* dans un contexte à orientation décroissante.

27.   Skype pour regarder sa TV n'importe où. Profiter de sa propre télévision **où que** l'on se trouve, dès lors qu'on dispose d'un accès à Internet ? L'idée est séduisante. (ex. Google) > concession + PN (cf. virtuel : « l'idée »)

Dans les quelques illustrations que nous avons relevées de la fonction de complément locatif, *où que P* prend la forme de *où que ce soit* qui, outre l'emploi à polarité en (28), accepte le libre choix en (29) :

28.   Ils ne mèneront personne **où que** ce soit. (*Le Monde diplomatique* 2005) > PN (cf. négation)

29.   Le monde n'a-t-il pas toujours été impitoyable ? Son implacabilité est peut-être aujourd'hui plus inexorable, envahissante et continue. Elle n'épargne ni la planète elle-même ni quiconque y vivant **où que** ce soit. (*Le Monde diplomatique* 2004) > LC (cf. sens distributif)

Dans le dernier cas, le verbe *vivre*, qui n'est pas sous la portée de la négation de *ne pas épargner*, est accompagné de son complément *y*, complété par *où que ce soit* qui présuppose non pas la référence à un seul lieu et son élargissement à tout l'ensemble des lieux possibles mais bien une indifférence de lieux.

4.4. Conclusion

En résumé, pour *où que P*, c'est l'emploi avec ou sans détachement qui oriente la lecture que l'on fera de la séquence. Dans le cas du détachement, caractéristique de l'antéposition et souvent aussi de l'insertion et de la postposition, *où que P* se comporte comme une concessive hypothétique mais se rapproche des termes sensibles aux contextes à polarité négative de par son orientation monotone décroissante. Or, un glissement vers le libre choix peut s'observer sous l'effet du sémantisme de Q. Ce glissement semble se produire le plus facilement dans le cas d'une intégration plus poussée, c'est-à-dire avec l'insertion et la postposition sans détachement.

5. N'IMPORTE OÙ[7]

Il est rare que *où*, précédé de *n'importe*, introduise une proposition[8] :

30. Les gens du monde, qui retrouvent **n'importe où** ils se traînent leur même ennui. (Hermant ; Togeby, 1965 : 273) > LC (situation répétée)

Les occurrences dans lesquelles *n'importe où* n'est pas suivi de proposition verbale sont plus fréquentes :

31. Un coup de pied peut me faire rouler **n'importe où**. (Ponge, *Parti pris* : 31) > LC (cf. « pouvoir »)

La position n'est plus un critère pertinent pour la description de *n'importe où* qui, dans notre corpus journalistique, est essentiellement postposé. Il fonctionne comme complément ou adjoint locatif dans Q et son détachement est rare.

32. … il faut souvent une heure entière en voiture, si ce n'est plus. Et cette heure paraît plus longue que toutes celles que l'on a laissées mourir sans plus s'en soucier, **n'importe où** dans le monde. (*Le Monde diplomatique* 2004) > PN (contexte négatif)

Dans cette phrase avec une séquence en *n'importe où* détachée, *où que ce soit* aurait pu être employé. Or, cette commutation entre *n'importe où* et *où que ce soit* ne se produit pas seulement dans des contextes à détachement. Muller (2006) a minutieusement décortiqué les alternances possibles, tout comme les environnements prototypiques des expressions de libre choix. Notre corpus confirme ses analyses : les phrases (33) à (38) illustrent comment des indices cotextuels interviennent dans l'interprétation de l'orientation scalaire, qui est dans tous les cas de type monotone croissant.

33. « C'est la course à celui qui en ramassera le plus, en s'arrêtant **n'importe où**, n'importe quand, n'importe comment », se lamente une passagère. (*Le Monde diplomatique* 2002) > LC

---

7. Notons que les locutions *je ne sais où*, *on ne sait où*, *Dieu sait où* (remarquez l'absence du morphème *ne*),… sont généralement classées dans la même rubrique que *n'importe où*. Outre les formes en *n'importe*, il faut mentionner celles en *peu importe* qui apparaissent en emploi isolé ou en association avec des mots *qu-* introduisant ou non une proposition verbale, ce qui pourrait être un indice d'une lexicalisation moins poussée :
a. « À jamais, je devrais rester le Sud-Africain boer, courageux ou stupide, peu importe, mais toujours enfermé », concluait-il dans un entretien. (*Le Monde diplomatique*)
b. « L'occupation est un enfer, c'est contre elle que nous nous battons, peu importe qui occupe, nous voulons la liberté. » (*Le Monde diplomatique*)
c. « Je m'en fous de l'union avec la Roumanie ! lâche-t-il, cassant. Moi je veux manger, c'est tout. Et peu importe avec qui. Avec l'Ukraine, avec la Russie, avec la Roumanie, je m'en fous. Je veux manger. » (*Le Monde diplomatique*)
d. La parole de Dieu, peu importe le Dieu, est devenue si connue qu'elle est à nouveau oubliée. (*Le Monde diplomatique*) = quel que soit le Dieu
Notre corpus journalistique ne nous a fourni aucune illustration de *peu importe où*.
8. Morphologiquement, les formes en *n'importe qu-* sont à analyser comme des interrogatives réduites (cf. Hadermann 1993 : 134 ; Béguelin 2002 : 52) qui ont subi une lexicalisation et qui en sont arrivées à fonctionner comme des « proformes non-spécifiantes ».

34. « Bien sûr, il y a des dangers qui tiennent à la conjoncture régionale, surtout après le 11 septembre, mais ces dangers, tous les Libanais les encourent, les Israéliens peuvent frapper **n'importe où** au Liban. » (*Le Monde diplomatique* 2002) > LC

35. La leçon nous servira lors des multiples contrôles qui balisent tout parcours en Afrique : gendarmerie, douanes, police, avant et après chaque frontière, à l'entrée et à la sortie des villes, aux principaux carrefours routiers, au passage d'un pont, d'un bac, à la traversée d'un parc, ou quelque part, **n'importe où**. (*Le Monde diplomatique* 2002) > LC

36. « If it was good for the business, I would move the company anywhere » (« Si c'était bon pour l'entreprise, je la déplacerais **n'importe où** »), a-t-il d'ailleurs confié au Financial Times, le 20 juin 2000. (*Le Monde diplomatique* 2002) > LC

37. À ce moment ont aussi été entendus quelques tirs de lance-roquettes RPG7 d'origine soviétique, tirs aléatoires, en l'air ou **n'importe où** : les plus dangereux pour les civils. (*La Belgique Libre*) > LC

38. Il y a la frontière afghane, la frontière iranienne, à deux pas, toujours neutralisées. On sent qu'on n'est pas tout à fait **n'importe où** et que le « grand jeu » n'est pas vraiment fini. (*Le Monde diplomatique* 2001) > LC

Dans l'exemple (33), le caractère répétitif du procès facilite l'apparition des expressions de libre choix. Notons la présence de *n'importe quand* et de *n'importe comment*, structures pour lesquelles il n'existe pas, dans le registre standard du français moderne, de formes en *que* : **quand que, *comment que* (Moline et Benzitoun citent des exemples régionaux/oraux de respectivement *comme que* et *quand que*). En (34), c'est le verbe *pouvoir* qui oriente vers le libre choix, alors qu'en (35) l'explication est à chercher du côté de l'énumération. Dans l'exemple (36), traduit de l'anglais, le conditionnel est responsable de l'interprétation en libre choix. En (37), le terme *aléatoire* vient encore lexicalement renforcer la charge de libre choix. En (38), la négation concerne seulement l'élément *n'importe* et il est exclu d'y voir un contexte à polarité (cf. Muller 2006 : 23) ; c'est plutôt la nuance dépréciative qui fait surface.

Dans l'énoncé suivant, *n'importe où* aurait pu alterner avec *où que ce soit* pour se rapprocher des concessives hypothétiques : normalement, on s'attendrait à ce qu'il y ait au moins un endroit au monde où le gouvernement américain ne juge pas celui qui aurait commis des actes terroristes.

39. Et il a averti Charles Miller que « le gouvernement américain est déterminé à juger quiconque commet des actes de terrorisme contre des citoyens américains **n'importe où** dans le monde ». (*Le Monde* 1998) > PN

Terminons par un bel exemple de co-occurrence ; dans le premier cas, l'expression de libre choix s'allie au caractère de vérité générale de l'assertion ; dans le deuxième cas, nous avons un emploi à polarité négative générée par la présence de *la seule défense* :

40. « La nouvelle doctrine née de cette bataille asymétrique contre la terreur est celle de la "dissuasion avancée" ou de la "guerre préventive". Puisque les terroristes ont toujours l'avantage d'attaquer en secret n'importe quand et **n'importe où**, la seule défense consiste à les cueillir maintenant, **où qu'**ils se

trouvent, avant qu'ils puissent être en mesure de monter leur coup. » (*Le Monde diplomatique* 2003)

Dans la plupart des exemples ci-dessus, *n'importe où* assume la fonction d'adjoint locatif. Or, selon Béguelin (2002 : 62), il se pourrait que *n'importe où* ne soit pas le véritable adjoint locatif : dans par ex. (40) – *les terroristes ont toujours l'avantage d'attaquer en secret n'importe quand et n'importe où* –, la phrase pourrait s'analyser de deux manières : « soit en deux clauses, dont la seconde glose le régime zéro de la première, soit en une seule clause avec un élément régi ». Et elle ajoute que c'est seulement à partir de la deuxième lecture que se développent des emplois « micro-syntaxiques » du type (34) ou (36), exemples dans lesquels *n'importe où* est complément locatif et donc régi par le verbe. Cette analyse permet de rapprocher, sur le plan syntaxique, les séquences en *n'importe où* de *où que P*, pour lesquelles le passage d'un fonctionnement au niveau macro-syntaxique à une intégration plus poussée au niveau micro-syntaxique s'observe encore clairement dans la langue contemporaine :

	N'importe où	**Où que P**
Niveau macro-syntaxique	Élément associé à un argument ø	Élément associé à Q
Niveau micro-syntaxique	Adjoint / complément locatif	Adjoint / complément locatif

CONCLUSION

Contrairement à *n'importe où*, *où que P* n'est que partiellement lexicalisé : il connaît encore une grande diversité formelle et continue à véhiculer la valeur de concessive hypothétique. Pourtant, il se rapproche des termes à polarité ou des expressions de libre choix, bien que ce dernier emploi reste assez marginal et semble exiger une intégration plus poussée de *où que P*.

N'importe où, quant à lui, est plus engagé dans le processus de lexicalisation et, en tant qu'expression figée, il accepte plusieurs degrés d'intégration à Q : élément associé (rare), adjoint ou complément locatif. Il assume essentiellement le rôle de marqueur de libre choix mais exceptionnellement il fonctionne comme terme à polarité dans des contextes qui favorisent une orientation scalaire de type monotone décroissant. Il entretient alors de préférence un rapport plus lâche avec Q ou avec un de ses constituants.

Puisque *où que P* et *n'importe où* occupent régulièrement des positions plus « satellites » que les autres formes des paradigmes en *qu- que P* et en *n'importe qu-*, leur description permet de mieux appréhender ces paradigmes dans leur totalité. À travers la diversité des rapports syntaxiques, nous avons pu observer la coexistence de trois valeurs possibles – concession, polarité, libre choix – que nous avons expliquées par le biais d'une intégration plus ou moins poussée à Q ou à un de ses arguments.

Ajoutons encore que les séquences en *n'importe* et en *que P* se partagent la présence d'une proforme indéfinie *qu-*. La propriété principale de cette proforme est d'avoir une capacité phorique, capacité à travers laquelle le trait indéfini sera saturé ou demande à être saturé. Dans les expressions en *n'importe qu-* et en *qu- que P*, la proforme *qu-* est sous la portée de « particules » généralisantes ou virtualisantes, ce qui a pour conséquence que le trait indéfini de la proforme s'en trouve renforcé et qu'il ne demande plus à être saturé. *N'importe qu-* et *qu- que* sont des proformes « non-spécifiantes », ce qui les rend particulièrement aptes à figurer dans des contextes « concessifs », à « polarité » ou véhiculant une valeur de « libre choix ».

Références

BLANCHE-BENVENISTE C. et *alii* (1990), *Le Français parlé : études grammaticales*, Paris : Éditions CNRS (coll. Sciences du langage).

BÉGUELIN M.-J. (2002), « Routines macro-syntaxiques et grammaticalisation : l'évolution des clauses en *n'importe* », Andersen, Hanne Leth & Nølke, Henning éds, *Macro-syntaxe et macro-sémantique*, Berne, Peter Lang, 43-69.

HADERMANN P. (1993), *Étude morpho-syntaxique du mot « où »*, Paris – Louvain-la-Neuve : Duculot.

HASPELMATH M. & KÖNIG E. (1998), « Concessive Conditionals in the Languages of Europe », Van der Auwera éd., *Adverbial Relations in the Languages of Europe*, Berlin – New York : Mouton de Gruyter, 563-640.

JAYEZ J. & TOVENA L. (2005), « Free Choiceness and Non-Individuation », *Linguistics and Philosophy*, 28, 1-71.

LARRIVÉE P. (2005), « Les forces et les faiblesses de l'indéfini *n'importe qui* », *Travaux de Linguistique* 50/1, 169-180.

LEUSCHNER T. (2006), *Hypotaxis as building-site : the emergence and grammaticalization of concessive conditionals in English, German and Dutch*, München, Lincom Europa.

MULLER C. (2006), « Polarité négative et free choice dans les indéfinis de type *que ce soit* et *n'importe* », *Langages* 162, 7-31.

MULLER C. (2007), « Les indéfinis *free choice* confrontés aux explications scalaires », Hadermann, Pierrard & Van Raemdonck éds, *La scalarité : autant de moyens d'expression, autant d'effets de sens*, Travaux de Linguistique, 54, 83-96.

PAILLARD D. (1997), « N'importe qui, n'importe quoi, n'importe quel N », *Langue française* 116, 100-114.

PALMA S. (éd) (2006), *Polarité, négation et scalarité, Langages* 162.

Christophe Benzitoun[1]
Nancy-Université & ATILF

Qui est *quand* ?
Essai d'analyse catégorielle

Le statut catégoriel de *quand* n'a pas encore été au centre d'une étude approfondie permettant de déterminer avec précision s'il s'agit d'une proforme ou d'une conjonction dans ses emplois non interrogatifs. Nous pensons que, pour mener à bien cet objectif, il est indispensable de reconsidérer certains arguments sur lesquels s'appuient la plupart des études sur le sujet. Dans cette perspective, nous allons tout d'abord rappeler les analyses proposées pour *quando* en latin et *quant* en ancien français, qui révèlent des similitudes intéressantes avec la situation en français contemporain. Puis nous exposerons les propositions d'analyse dont *quand* a fait l'objet. Pour finir, nous essaierons de montrer que, si l'on étudie la situation dans son ensemble à l'aide d'autres critères que ceux généralement employés, le cas de *quand* est plus complexe qu'il n'y paraît et exige des investigations très poussées.

I. SIMILITUDES DIACHRONIQUES

Selon Imbs (1956 : 33), *quand* est avec *que, si* et *comme* une des rares « conjonctions de subordination » (ConjS) directement héritée du latin classique. Au niveau morpho-phonologique, la filiation entre *quando* (latin), *quant* (ancien français) et *quand* (français moderne) est d'ailleurs transparente. Au niveau sémantique, en revanche, on attribue à *quando* une valeur causale dans ses emplois non interrogatifs, du moins en latin classique, ce qui laisse penser qu'il aurait connu une évolution notable. Comme le signale Le Goffic (2001) :

> *l'adverbe de temps* quando *n'a jamais eu les honneurs de l'emploi intégratif* [i.e. relatif sans antécédent] *dans la prose littéraire latine, ni en poésie.*

---

1. Christophe.Benzitoun@univ-nancy2.fr

⟨ARTICLE ON LINE⟩

En outre, *quand* aurait pu ne jamais voir le jour en se faisant supplanter par des formes considérées comme plus prestigieuses ou, en ancien français, à cause d'une trop grande proximité phonétique et distributionnelle avec le quantificateur. En effet, la forme latine *cum* – comme *lorsque* de nos jours – était ressentie comme plus « littéraire », *quando* étant plutôt employé à l'oral ou chez les écrivains moins cultivés, selon Herman (1963 : 114). Imbs (1956 : 33), quant à lui, signale que Cicéron connaissait l'emploi temporel de *quando* seulement dans ses œuvres de jeunesse et par affectation archaïque, ce qui laisse supposer qu'il s'agissait d'un usage plus ancien. D'autres écrivains, comme César, Varron ou Pline le Jeune, n'employaient pas du tout *quando*, ni dans son usage causal, ni avec un autre sens. En fait, Imbs (1956 : 33) considère que *quando* a un caractère « indiscutablement populaire » :

> *Quando conjonction est en effet, comme quando adverbe un morphème temporel depuis les origines ; il n'a cessé de l'être chez les auteurs moins soucieux de purisme [...]*

Ces remarques nous mettent sur la piste d'une utilisation déterminée par les « genres » de textes et par leurs auteurs. Seule une étude respectueuse d'une typologie textuelle précise permettrait de préciser ce point. Mais, à notre connaissance, il n'en existe pas. La concurrence et la connotation négative caractérisent donc ce mot dès le latin.

Mais, loin d'avoir été supprimée, ce qui n'est pas le cas de *cum* et du quantifieur en français, cette forme s'est remarquablement maintenue jusqu'aux langues romanes modernes :

> *Il y a, entre la valeur latine la plus anciennement attestée et l'usage français, la plus remarquable des continuités.* (Imbs, 1956 : 33)

Cela peut paraître étonnant, surtout quand on se remémore l'hypothèse de Meillet (1921) sur le renouvellement constant des ConjS.

L'influence que peuvent avoir les jugements de valeur est donc assez limitée, l'usage « populaire » jouant apparemment un rôle central dans le maintien de *quand*. La fréquence élevée en français contemporain, quoique assez irrégulière, est d'ailleurs là pour soutenir que cette forme n'est pas près de disparaître.

Au niveau du statut catégoriel, point qui va être au centre de notre problématique, il est curieux de constater que Imbs (1956), Herman (1963) et Kunstmann (1990) sont unanimes pour faire de *quant* en ancien français une ConjS alors qu'il possède des emplois en tout point analogues aux autres proformes *qu-* (*qui, où*, etc.). Sans doute doit-on y voir le poids de l'analyse traditionnelle qui refuse à *quand* le statut de proforme non interrogative parce qu'il introduit des syntagmes adverbiaux[2]. Au vu d'exemples tels que le suivant, du moins peut-on douter d'une quelconque certitude à ce sujet.

1)   *Sire, jeo sui en tel esfrei Les jurs quant vus partez de mei.* [ex. Imbs, 1956 : 85]

---

2. Cette explication a aussi été avancée en anglais contemporain par Declerck (1997) à propos de *when*.

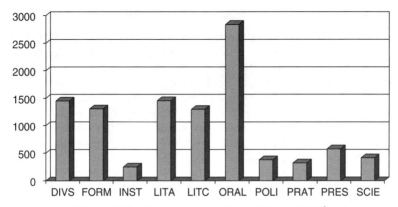

Figure 1. Nombre d'occurrences de *quand* dans le CERF[3]

Cette première partie met en évidence trois phénomènes fondamentaux : l'influence du registre « populaire » sur le conservatisme linguistique, l'hétérogénéité des usages en fonction des « genres » et la manière d'aborder la question de la grammaticalisation. Sur ce dernier point, il est bien évident que les hypothèses formulées dépendent du champ d'investigation et donc des corpus retenus. En fonction des données observées, on peut conclure que *quand* a diversifié ses fonctionnements depuis le latin ou n'a presque pas connu de modifications. L'image que l'on a de la grammaticalisation est donc fortement dépendante des textes à partir desquels on extrait des exemples et peut-être faudrait-il même élaborer plusieurs études parallèles aptes à rendre compte des usages déterminés par les types de textes.

En français contemporain, nous allons voir que nous avons affaire aux mêmes problèmes et qu'aucune étude n'est parvenue jusqu'à présent à apporter des arguments décisifs pour résoudre la question du statut catégoriel de *quand*. Est-ce les outils d'analyse, les catégories descriptives ou les données prises en compte qui permettent d'expliquer cette séquelle ?

2. PRÉCÉDENTES ANALYSES

Nous allons désormais discuter rapidement des analyses les plus répandues portant sur le statut catégoriel de *quand*. Il existe deux positions contradictoires justifiées à partir de critères en partie identiques. La première voit dans *quand* deux morphèmes homonymes, adverbe interrogatif et ConjS (cf. exemples suivants), alors que la seconde est pour une conception unitaire sous forme de proforme avec des fonctions différentes.

2) ***Quand*** *allez-vous cesser de faire du bricolage juridique sur le dos de la France et sur le dos de l'audiovisuel français ?* [Assemblée]

---

3. Le *Corpus Évolutif de Référence du Français* (CERF) est un corpus de dix millions de mots segmenté en dix sous-corpus d'un million de mots chacun, dont un d'oral. La majorité des exemples que nous citons proviennent de ce corpus et de l'Internet.

3)   *Mais **quand** ça pètera, on y sera tous.* [Le Monde]

La discussion qui va suivre illustre, à notre avis, l'intérêt de dépasser le métalangage traditionnel et ainsi d'éviter autant que possible les compromis plus ou moins dénaturants qui sont généralement justifiés par le fait que lorsque l'on utilise la terminologie d'usage « tout le monde sait de quoi il s'agit »[4]. La principale critique que l'on peut émettre à l'encontre des propositions d'analyse formulées pour *quand* concerne le fait que la plupart des auteurs élèvent au rang de critères d'analyse un nombre limité de tests sans justifier clairement ce choix, au lieu d'étudier en détail toutes les propriétés syntactico-sémantiques du terme examiné.

En effet, dans les études sur le statut catégoriel de *quand*, trois propriétés sont massivement employées sans être justifiées ou vérifiées empiriquement. Il s'agit de la commutation avec *lorsque*, de la possibilité pour *quand* d'avoir une fonction dans la construction qu'il introduit et de la nature du lien unissant la construction en *quand* (Quand-C) à la construction « principale » ou à l'un de ces éléments constitutifs. Pour ce qui est du premier argument, il est aisé de montrer que même les exemples illustratifs du statut de ConjS dans certaines grammaires ne le respectent pas.

4)   *Viens quand tu veux* [ex. Arrivé *et alii*, 1989]
4a)   *? Viens lorsque tu veux.*

De plus, la commutation peut parfois revenir à constater que deux constructions grammaticalement différentes constituent des paraphrases, ce qui est fréquent et peu rentable pour l'analyse syntaxique. Par exemple, il est aussi légitime, dans certains contextes, d'utiliser la commutation avec *car* pour montrer que *parce que* est une conjonction de coordination, que la commutation avec *lorsque* pour montrer que *quand* est une ConjS.

Le second argument, quant à lui, n'est jamais démontré à l'aide d'un contenu empirique correspondant, de sorte que certains (Le Goffic, 1993 ; Muller, 1996) disent que *quand* est complément du verbe qu'il introduit alors que d'autres (Bonnard, 1993) soutiennent le contraire sans plus d'argument. Quant au troisième critère (la relation syntaxique de Quand-C avec le contexte), que l'on retrouve notamment chez Moignet (1974), on ne voit pas ce qui permettrait de le justifier sur un plan morphosyntaxique. Pour y voir clair, il est nécessaire d'éviter d'utiliser, ou d'approfondir, de tels arguments censés avoir la force de l'évidence sans qu'il soit besoin de les justifier.

En face de la conception bipartite majoritaire, qui est celle de la grammaire scolaire, on a vu se développer une approche catégorielle unifiée qui remonte apparemment à Beauzée (1767) et à sa notion de « nom conjonctif ». Beauzée met au centre de son argumentation la possibilité que *quand* a d'être précédé par une préposition. Des analyses similaires ont été proposées notamment par Wagner & Pinchon (1962), Togeby (1965), Moignet (1974), Muller (1996) et Le

---

4. C'est par cet argument que Sandfeld (1936 : ix-x) justifie son choix de conserver « proposition subordonnée » malgré les carences descriptives que présente ce terme.

Goffic (2001). Mais cette proposition, pas plus que la précédente, ne s'appuie pas sur des critères multiples, empiriquement vérifiés et théoriquement justifiés[5].

De plus, peu d'exemples attestés viennent étayer les argumentations (à l'exception notable de Sandfeld, 1936 et Chétrit, 1976), ce qui ne permet pas d'avoir une vision d'ensemble des contextes dans lesquels apparaît *quand*. Le raisonnement ne porte généralement que sur quelques exemples bien choisis. Et l'on peut continuer ce bilan en signalant que la terminologie elle-même est source d'ambiguïté. Par exemple, il existe une incertitude récurrente quant à la nature catégorielle ou fonctionnelle de la ConjS. Même les chercheurs tentant de s'émanciper de la terminologie traditionnelle (Le Goffic, 2001 et Muller, 1996 par exemple) ne parviennent que partiellement à éviter les équivoques.

À partir de tout ce qui vient d'être dit, il est possible de classer les problèmes selon trois axes : le degré d'explicitation et la nature des critères, la terminologie et, enfin, la gamme des exemples pris en compte ainsi que leur attestation éventuelle. Nous tirons la conclusion que la détermination de la catégorie de *quand* passe par une refonte des critères généralement employés, de la terminologie et des exemples considérés. Nous nous appuierons donc, d'une part, sur la remarque de Le Goffic (2001 : 42 note 20) selon laquelle « la catégorie de conjonction est inutile et parasitaire dans la liste des parties du discours » et, d'autre part, sur d'autres critères que nous détaillons dans la partie suivante.

3. PROPOSITION D'ANALYSE CATÉGORIELLE

3.1. Cadre général

Nous allons donc partir sur d'autres bases en évitant les catégories « pratiques » de la tradition qui ne sont pas toujours adaptées à la description du langage. En attendant que des études viennent appuyer ou au contraire infirmer nos hypothèses, notre analyse des mots *qu-* se fondera sur les deux catégories descriptives suivantes : les proformes *qu-* et les particules *qu-*. Ces deux catégories descriptives sont définies essentiellement par des propriétés distributionnelles. La proforme *qu-*, par exemple, possède un trait sémantico-syntaxique référentiel, peut être suivie par un verbe à l'infinitif, par la tournure *c'est que/est-ce que*, par *que* et enfin être précédée par une préposition. Il en est ainsi pour *où*[6], que l'on trouve, lorsqu'il a le statut de proforme *qu-*, dans l'ensemble de ces contextes. Le trait sémantico-syntaxique de *où* est, dans les exemples suivants, clairement [+ Locatif].

5) *Notre chemin ne sera plus celui de la recherche de vastes espaces **où affirmer** ce qui nous était refusé dès le berceau, mais celui d'une découverte intérieure ajournée depuis des siècles et des siècles.* [Monde Diplo]

---

5. Pour une présentation critique des analyses sur *quand*, cf. Benzitoun (2006) page 43 et suivantes.

6. *Où* appartient bien à la famille des mots *qu-*, mais pour le montrer il est nécessaire de remonter à la racine indo-européenne *K[W].

6)   *on va à des endroits **où c'est qu'***il y a beaucoup de chênes* [ex. oral, Blanche-Benveniste *et alii*, 1990 : 71]

7)   *Quatorze avril 77 Dans la banlieue **où qu'**y fait nuit La petite route est déserte Gérard Lambert rentre chez lui* [Chanson]

8)   *Ils s'élevèrent jusqu'aux régions de l'espace **d'où** l'Océan s'arrondit et semble pacifié.* [Contes]

Comme le montrent les exemples ci-dessus, il est important de souligner que, contrairement à *qui*, qui est analysé comme une particule lorsqu'il est directement précédé par un antécédent (cf. Blanche-Benveniste *et alii*, 1990 : 72-74), *où* garde son statut de proforme même dans ce contexte et au moins avec des antécédents qui sont clairement des « locatifs » (cf. Benzitoun, à paraître). En fait, *où* aurait tendu à devenir une pure marque fonctionnelle (complément [+*à*] sur le modèle de *y* et parallèlement à *dont* pour les compléments en [+*de*]) lors du passage du français classique au français contemporain (Muller, 1996 : 67).

9)   *Un bonheur **où** peut-être il n'ose plus penser.* [Racine, cité par Muller (1996)]

D'après cet auteur, *où* aurait été « resémantisé » du français classique au français contemporain, d'où son fonctionnement différent de *qui*.

Entre proforme *qu-* et particule *qu-*, il existe donc une frontière non fixe déterminée par le terme étudié, sans doute lié à son évolution singulière. Nous allons désormais voir ce qu'il en est pour *quand*, en commençant par l'emploi interrogatif.

3.2. *Quand* en emploi interrogatif

Pour ce qui est de l'emploi interrogatif, la question du statut de *quand* ne pose pas de problème particulier. En effet, il ne fait aucun doute que *quand* est une proforme *qu-* dans cet usage. Partons de la propriété caractéristique : le trait [+Temporel].

10)   *– **Quand** faut-il que je vous apporte le meuble ? – **Demain** !* [Flaubert, *Bouvard et Pécuchet*]

Dans cet exemple, le trait [+Temporel] est clairement mis en évidence par la réponse, ce qui implique évidemment une restriction sur les éléments lexicaux équivalents. À la question précédente, seule une classe de termes marqués par le trait [+Temporel] peut constituer une réponse.

10a)   ***Quand** faut-il que je vous apporte le meuble ? – *Ici !*

De plus, toutes les autres propriétés distributionnelles vues précédemment se vérifient avec *quand* en emploi interrogatif. Il peut, en effet, être suivi d'un verbe à l'infinitif :

11)   ***Quand** s'arrêter ? Le plus tard possible !* [Pratique, Sports]

de la tournure *c'est que/est-ce que* :

12)   ***Quand est-ce que** nous allons nous affranchir des peurs ancestrales irrationnelles ou religieuses à la noix et faire un bon vers l'avenir !* [Forum, Culture]

de *que* :

13) – *Alors **quand que** vous me donnerez les cinquante francs* ? [France, *Crainquebille*]

Il peut aussi être précédé par une préposition :

14) *À **partir de quand** les conditions ne seront-elles pas remplies* ? [Monde Diplo]

Le statut de *quand* en emploi interrogatif est donc incontestable : il s'agit d'une proforme *qu-*. Il faut désormais vérifier si cette analyse peut être étendue aux contextes non interrogatifs. Dans ce cas, la question est un peu plus délicate et demande la prise en compte d'exemples non standard assez difficiles à observer. Cela met bien évidemment au centre de notre argumentation la méthodologie de collecte et de critique des données. Tous les exemples que nous reproduisons sont attestés et, à notre avis, acceptables, ce qui leur confère une indéniable légitimité. Notre démarche est donc résolument orientée vers la prise en compte d'exemples authentiques provenant de sources diversifiées afin d'éviter autant que faire se peut d'imposer une conception préconstruite.

3.3. *Quand* non interrogatif est-il une proforme *qu-* ?

Quand, dans l'usage suivant, est généralement considéré comme ayant le trait [+Temporel].

15) ***Quand** j'étais jeune, j'étais mauvais en sport collectif mais j'aimais jouer.* [Forum, Témoignages]

Le problème ici, c'est que l'on ne peut affirmer que *quand* possède bien un trait sémantico-syntaxique de la nature qui nous intéresse, car il est évident que les constructions verbales introduites par *parce que* ou *alors que*, par exemple, ont aussi un sens déterminé, sans pour autant que l'introducteur ait un trait référentiel. L'effet de sens de datation d'une situation pourrait provenir d'un trait sémantique relationnel. *Quand* indiquerait simplement qu'il faut mettre en relation temporelle les deux situations évoquées par les constructions verbales, celle qui le régit et celle qu'il introduit, et serait alors analysé comme une particule. Si *quand* est une proforme, au contraire, elle définit une référence temporelle qui est mise en relation avec le verbe principal. Afin de mettre en évidence la différence entre une particule et une proforme au niveau des traits, il est nécessaire de signaler la distinction fondamentale entre trait relationnel et trait référentiel. En effet, certaines catégories peuvent avoir un trait relationnel mais pas de trait référentiel. Par exemple, la préposition *par* peut avoir un sens clairement locatif, mais la nature de ce trait est relationnelle : elle définit une relation ou une situation. Pour montrer que *quand* peut être défini par des traits référant à une entité et non pas par des traits caractérisant une relation, il faut démontrer qu'il occupe une position syntaxique, car ainsi on pourra déterminer son trait par référence au paradigme dans lequel il s'inscrit. L'agrammaticalité de *à ce moment-là* et *quand* entretenant la même relation syntaxique par rapport au verbe permet d'atteindre cet objectif[7].

---

7. Nous avons choisi *à ce moment-là*, et pas un autre élément, afin de neutraliser les phénomènes d'imbrication de compléments temporels.

16) *Bonsoir. Tu remettras la clef au concierge* **quand** *tu seras prête.* [Maupassant, *Bel Ami*]

16a) *? Tu remettras la clef au concierge* **quand** *tu seras prête à ce moment-là.*

L'exemple *Tu remettras la clef au concierge quand tu seras prête à ce moment-là.* montre donc que *quand* a une fonction dans la construction qu'il introduit, à savoir celle d'élément régi appartenant au paradigme défini par l'équivalent *à ce moment-là*. On peut déduire de cette analyse que *quand*, dans son emploi dit « conjonctionnel » par la tradition, possède le trait référentiel [+Temporel]. Il y a là un indice très fort d'un statut de proforme.

En ce qui concerne les autres propriétés, la plupart se vérifient mais à condition de mener des investigations très poussées. Par exemple, il est possible pour *quand* d'être renforcé par *est-ce que* ou *c'est que*, à l'image de l'exemple inventé que propose Deulofeu (1999 : 171).

17) **Quand (c'est + est-ce)** *qu'il est venu j'étais pas là.*

Cet exemple, même s'il semble acceptable, n'est attesté dans nos corpus que de manière très marginale (un seul exemple).

18) *un jour qu'ils ont pris /le, Ø/ rendez-vous ici + c'est ce que je comprends pas euh j'étais dans le bureau* **quand c'est qu'ils** *ont pris /le, Ø/ rendez-vous hein* [Oral]

En revanche, l'emploi interrogatif accompagné de *est-ce que/c'est que* est plus représenté.

19) *heu* **quand est-ce qu'on** *est rentré(s) au premier novembre +* **quand c'est qu'on** *a eu un pont ++ L2 premier novembre non c'était un samedi +* [Oral]

Contrairement à *quand est-ce que*, la tournure *quand c'est que* est beaucoup moins attestée, y compris en emploi interrogatif. Cela limite donc fortement les occasions de les observer en emploi non interrogatif (*quand est-ce que* étant extrêmement difficile dans ce contexte). Néanmoins, nous en avons observé quelques exemples sur l'Internet.

20) *Badaling, mets ça dans un coin de ta mémoire pour* **quand c'est que** *tu viendras chez les Chinois* [www][8]

21) *je reprends ma plume quelque peu rouillée pour tenter d'arracher quelques rires à mes contents porains, comme avant,* **quand c'est que** *j'avais du talent.* [www]

Pour ce qui est de l'infinitif, Deulofeu (1999 : 172) propose de nouveau un exemple inventé :

22) *J'ai trouvé* **quand** *partir.*

Nous avons trouvé des énoncés de ce type mais essentiellement dans des contextes traditionnellement qualifiés « d'interrogation indirecte ».

23) *à partir du trois décembre il revient à l'E.T.A. de faire savoir aux commandos opérationnels +* **quand commencer** *à réaliser des actions +* [Oral]

---

8. Cet exemple a été produit par un cadre de *France Télécom* de Sucy-en-Brie dans le Val de Marne au cours de ses récits de voyage.

On pourrait alors objecter qu'il ne s'agit plus du même *quand* que nous étudions dans cette partie et donc que cela constitue un argument en défaveur de l'analyse en proforme. Mais on sait bien que la frontière entre emploi interrogatif et non interrogatif est poreuse.

De plus, les contraintes pesant sur cette construction sont liées à l'infinitif lui-même que l'on trouve difficilement avec une proforme *qu-* dans les contextes où celle-ci n'est pas clairement interrogative ou n'a pas d'antécédent :

24) *Les femmes, c'est si bizarre, ça se distrait parfois à se dévouer ; et, naturellement, elles ont bien raison de prendre leur plaisir **où** elles le trouvent...* [Zola, L'Argent]

24a) *? Elles ont bien raison de prendre leur plaisir **où le trouver**.*

25) *des mères célibataires à la recherche d'un lieu **où se fixer*** [Monde Diplo]

Pour autant, l'infinitif n'est pas totalement impossible, particulièrement avec une proforme *qu-* précédée du verbe recteur *avoir*, ce qui montre que des facteurs lexicaux pèsent sur cette construction :

26) *c'était pas joli ça vous savez fallait voir ce qui s'est passé là-bas on **avait** pas **où aller faire** des besoins ni rien* [Oral]

27) *On n'**avait** pas **de quoi manger**.*

28) *Le troisième reste dans les kiosques : les invendus s'empilent aux presbytères... Les curés n'**ont** pas **à qui les donner**.* [Monde Diplo]

Malheureusement, ces contraintes restent encore à déterminer de manière précise (cf. Schmitt Jensen, 1973). Ceci explique sans doute pourquoi nous avons eu des difficultés à trouver des exemples. Toutefois, comme le prouvent les énoncés suivants, de tels contextes avec *quand* sont attestés et sont apparemment dépendants de certains verbes recteurs (*gérer, calculer*).

29) Il faut bien gérer **quand prendre** les sauvegardes ! *[www]*

30) *Le système veillera au respect des règles énumérées ci-dessus et calculera **quand prendre en compte** le transfert.* [www]

Un autre argument en faveur de *quand* proforme *qu-* est la possibilité qu'il a de se trouver dans le même paradigme que *où*, pour lequel nous avons montré qu'il était un représentant de cette catégorie.

31) *Même si Luther et Calvin ont pris soin de préciser que le texte devient parole de Dieu par la seule action d'un Saint Esprit qui souffle **où** et **quand** il veut, le texte est parfois sacralisé aux risques du contre-sens et de l'obscurantisme.* [Divers, Religion]

32) *Le dénominateur commun est le manque de moyens **où** et **quand** il faut.* [www]

33) *Il dort **où** et **quand** il peut, souvent à même le ciment d'une sacristie, mangeant ce qu'il trouve quand il trouve quelque chose.* [www]

Ces exemples sont particulièrement présents avec les verbes modaux enchâssés considérés par Chétrit (1976 : 84) comme faisant jouer à la « temporelle » le rôle d'une « relative ». Dans ces structures, Quand-C est une forme de construction verbale « raccourcie » où n'apparaît que le modal (*vouloir, falloir, pouvoir*) : *Il dort où et quand il peut (dormir)*. Ce contexte permet d'apporter un argument supplémentaire. En effet, la possibilité de forme raccourcie indique que le terme introducteur a une fonction dans la construction qu'il introduit.

34)   *? Il dit qu'il peut (dire).*

35)   *? Il part en vacances lorsqu'il veut (partir en vacances).*

La seule analyse possible est donc celle où Quand-C est une « relative sans antécédent ». Étant donné que cette unité ne fonctionne qu'avec des proformes, *quand* est donc une proforme là aussi.

Un dernier contexte permettant de mettre en évidence le statut de *quand* est celui où il se trouve après une préposition.

36)   *L'image que j'ai de Zizou remonte **à quand** j'étais en sélection en cadets nationaux ou juniors, je ne sais plus trop.* [www]

Ainsi, certains éléments internes à Quand-C (tels que le verbe enchâssé) ou externe (tels que la préposition précédente) révèleraient clairement le statut de proforme de *quand* non interrogatif.

37)   *Il suffit d'avoir une bonne connaissance **de** (**qui** a fait le coup / **où** il faut aller / **quand** il faut partir / **combien** ça va nous coûter)*

38)   *Tu peux inviter Jean (**quand tu veux** / **où tu veux** / ***lorsque tu veux**).*

Par ailleurs, il existe aussi les groupes en *n'importe quand* :

39)   *Si les chasseurs priaient **n'importe quand**, les jours se ressembleraient tous, et je n'aurais point de vacances.* [LittératureC, Érotique]

Pour résumer, on voit bien que la mise en évidence du statut de *quand* peut s'avérer complexe lorsque l'on cherche à le déterminer par l'intermédiaire de critères distributionnels précis à cause des difficultés inhérentes à la recherche d'exemples attestés et des contraintes qui pèsent sur certains contextes et qui ne sont pas encore bien connues. Mais nous pensons que toutes les propriétés que nous venons d'énumérer fournissent de solides arguments pour conclure en faveur de l'hypothèse du *quand* proforme *qu-* en contextes non interrogatifs. De plus, il est possible de trouver des contextes supplémentaires en faveur de ce statut catégoriel.

3.4. Confirmation indépendante de l'analyse

La plupart des proformes *qu-* peuvent être employées dans une tournure du type proforme + *que* + subjonctif.

40)   *Dans cette assemblée, **qui que vous soyez, quelle que soit votre tendance,** votre choix personnel, votre choix civique, je dois vous dire que je me trouve très à l'aise parmi vous.* [Mitterrand]

Mais, comme l'a constaté Hadermann (1993 : 272),

Quand que *et* pourquoi que *(dans* quand qu'il parte*)* n'existent pas en français moderne. L'impossibilité de quand que *est d'autant plus remarquable que son équivalent existe dans d'autres langues, par ex. :* wanneer ook *(néerlandais) ;* whenever *(anglais) ;* wann immer *(allemand).*

Pourtant, il est possible d'en trouver des exemples, souvent accompagnés de *où que* mais pas toujours.

41) *Mais je n'envisage pas de me débarrasser **quand que** ce soit du cadre tordu.* [www]

42) *Autrui est justement porteur de la dimension universaliste, qui est aujourd'hui au fondement de la valeur des « droits de l'homme », parce qu'il s'agit de celui-ci où que ce soit et **quand que** ce soit.* [www][9]

Un autre type d'exemple, typique des proformes *qu-* et souvent considéré comme difficile à produire aussi, est pourtant attesté.

43) *mais je ne suis pas d'accord avec ce que tu dis **quand que** tu dis que les esprits se déplacent en volant.* [www]

Enfin, il existe un dernier contexte caractéristique des proformes *qu-* pour lequel nous avons non seulement quelques exemples mais qui, de surcroît, nous paraît tout à fait naturel. Il s'agit de la tournure antécédent + préposition + *quand*.

44) *Jvoudrais Pas mettre de presion, mais jpourrais avoir une **date vers quand** on examineras une de mes fics et savoir laquelle Qui sera évaluée en premier?* [www]

Cet exemple n'est évidemment pas des plus normatifs mais il ne souffre pas, selon nous, de problème d'acceptabilité, de même que le suivant qui ne comporte pas de préposition.

45) *– L'étape 1 montre le **cas quand** un nœud x et son père sont rouges et l'oncle de x est rouge. – L'étape 2 montre le cas où un nœud x est rouge, son père aussi, mais l'oncle de x est noir.* [www]

En attribuant un statut de preuve empirique aux exemples « non standard » que nous avons recensés par une recherche systématique sur l'immense corpus que fournit l'Internet, nous nous sentons fondé à soutenir que *quand* est bien une proforme *qu-* en français contemporain. Ces exemples cruciaux sont souvent difficiles à inventer, de sorte que leur attestation est une dimension indispensable. Le nombre restreint d'exemples attestés est vraisemblablement dû à la difficulté de formuler des requêtes mais aussi à la précision des exemples que nous recherchons. Il est évident que plus le contexte lexico-syntaxique est précis, moins nous trouvons d'exemples.

Contrairement à l'idée véhiculée par la plupart des grammaires d'usage, *quand* serait donc une proforme *qu-*. Nous rejoignons ainsi la position de quelques précurseurs (Muller, 1996 ; Le Goffic, 2001 ; etc.) en recourant à une analyse empirique plus poussée. Mais il nous reste encore à répondre à une question : existe-t-il d'autres contextes dans lesquels *quand* n'a pas le même statut ?

3.5. Existe-t-il un *quand* non proforme ?

Étant donné qu'il est inenvisageable de trouver des exemples attestés présentant l'ensemble des critères distributionnels pour chaque cas que nous ren-

---

9. Nous avons choisi de reproduire ce second exemple, car il n'est nullement sujet à caution. En effet, il s'agit de la présentation de l'ouvrage de D. Groux et L. Porcher intitulé *L'altérité*. Tous deux sont agrégés (Lettres ou Philosophie) et professeurs des Universités en France.

controns et que l'intuition n'est pas nécessairement bonne conseillère lorsque l'on invente des exemples non standard, des questions capitales se posent alors : doit-on considérer que *quand* est une proforme généralisée ou, au contraire, postuler qu'il existe au moins deux morphèmes homonymes ? Et sur quelle base appuyer notre argumentation ?

Afin de répondre à ces interrogations, il nous semble que le recours au trait [+Temporel] est la seule solution. En effet, tous les emplois que nous avons examinés dans ce qui précède avaient au moins un point commun : Quand-C y recevait une interprétation clairement temporelle. Mais il existe des contextes, précisément ceux où la valeur temporelle n'est plus aussi évidente, qui représentent un véritable défi pour une conception unitaire. Par exemple, dans les énoncés suivants, que doit-on penser de la similitude de fonctionnement de *quand* avec *que* ? Suffit-elle à nous faire conclure que dans la valence de verbes comme *aimer* et *adorer* on peut trouver deux constructions concurrentes à particules ?

46) *En gros, ce que j'ai bien aimé, en 98, à Paris, c'est qu'on a eu plein d'étrangers, pour l'ouverture, qui se promenaient partout... beaucoup sur les Champs : j'adore* **quand** *la France est envahie d'étrangers !* [Forum, Sports]

47) *Nestor est affectueux et adore* **que** *l'on s'occupe de lui.* [www]

48) *J'aimais être avec toi, j'aimais* **quand** *tu ne me parlais pas, comme si les mots n'avaient plus aucune importance, que seul l'amour comptait.* [Journaux lycéens]

49) *Des photos peuvent s'imposer par leur actualité, on peut alors négliger la lumière ou la composition... Mais j'aime* **que** *la photo soit esthétique, émouvante, portée par le regard du photographe.* [Nouvel Obs]

Et lorsque le sens s'éloigne encore plus franchement de la temporalité, de quels arguments dispose-t-on pour maintenir le statut de proforme *qu-* ? C'est le cas, par exemple, des constructions en *quand* + conditionnel qui, sans perdre totalement leur valeur temporelle, deviennent clairement oppositives sur le modèle de *alors que*.

50) **Quand** *il la salle fut vide, on ferma les portes. (« une fois que »)* [ex. Pierrard, 2005 : 239]

Nous proposons une réponse dans la ligne de Pierrard (2005 : 239).

Dans la formalisation de leur rôle de marqueur de subordination, les diverses PI [Proformes Indéfinies] marquent plusieurs stades de grammaticalisation qui illustrent la perte graduelle d'une part importante de leurs propriétés.

Par exemple, la perte de la « concomitance entre les prédications » oriente vers un rapport temporel plus « lâche ».

51) **Quand** *la salle fut vide, on ferma les portes. (« une fois que »)* [ex. Pierrard, 2005 : 239]

De même,

La hiérarchisation des prédications pour sa part fait glisser le sens des PI vers des valeurs subjectives (opposition, cause/conséquence) qui remet en cause les traits indéfinis /TEMPS/ et /MANIERE/. (Pierrard, 2005 : 239)

52) **Quand** *on est maladroit comme ça, on reste chez soi. (condition)* [ex. Bat-Zeev Shyldkrot, 1995 : 146 ; cité par Pierrard, 2005 : 239]

On peut donc émettre l'hypothèse qu'il existe une relation entre le statut catégoriel et la valeur sémantique, mais qui demanderait à être étudiée avec précision, car dans l'exemple *52) Quand on est maladroit comme ça, on reste chez soi. (condition)* [ex. Bat-Zeev Shyldkrot, 1995 : 146 ; cité par Pierrard, 2005 : 239], nous avons des arguments pour traiter *quand* comme une proforme. En effet, *quand* commute difficilement avec *au moment où*, ce qui illustre le fait qu'il ne représente pas un moment ponctuel.

53) *L1 euh* **quand** *(?au moment où) il y a pas de travail les gens euh partent plutôt sur les sur les villes quoi* [Oral]

54) *mais je pense que* **quand** *(?au moment où) on on a pas l'habitude d'être en relation avec des gens et qu'on refuse ça + on peut pas être un bon vendeur* [Oral]

En fait, Quand-C ne paraît pas avoir ici une valeur de repère temporel, mais plutôt un sens proche de la condition. Et on observe aussi cette variante sémantique pour *quand* en emploi interrogatif, ce qui laisse penser qu'il s'agit du même morphème et donc d'une proforme. Dans les exemples suivants, il semble en effet difficile de répondre par un repère temporel.

55) *Dans le cas des opérations de maintenance de bâtiment,* **quand** *doit-on faire appel au coordonnateur ?* [www]

56) **Quand** *est-ce qu'une brune possède la moitié d'un cerveau ? – Quand elle s'est décolorée* [Humour]

57) *Acceptable et même encouragée lorsqu'elle est le moyen le plus efficace de protéger les victimes, la dénonciation s'avère détestable dans d'autres situations. Mais les frontières ne sont pas toujours très claires. Quels critères moraux retenir?* **Quand** *s'agit-il d'une affaire de conscience individuelle,* **quand** *cela relève-t-il de la collectivité? Un philosophe et un homme de loi confrontent leurs points de vue* [www]

Et les réponses à la question ci-dessous montrent explicitement que le *quand* est sémantiquement proche de *si*.

58) **Quand** *doit-on remplacer un pneu ? – Si après crevaison, le spécialiste détecte une détérioration non réparable. – S'il n'est pas conforme aux préconisations d'équipement du véhicule. – S'il est à la limite légale d'usure. – S'il présente une usure localisée anormale. – S'il porte des signes de vieillissement. – S'il présente des coupures ou déformations susceptibles de nuire à la sécurité.* [www]

Une différence de sens ne suffit donc pas pour mettre en évidence deux statuts catégoriels distincts. Pour *quand*, il est clair que cette valeur proche de la condition est portée par une proforme étant donné l'existence d'une proforme à valeur interrogative ayant le même sens.

En outre, on observe ce même glissement sémantique pour des mots comme *alors* et *à ce moment-là* qui sont censés être sémantiquement proches de *quand*, ce qui dénote une certaine généralité de ce procédé.

59) *même si on s'est trompé même si on a tort il faut le dire il faut le reconnaître et* **à ce moment-là** *ça fait partie de cinquante pour cent du du côté content du client + quand il ressort +* [Oral]

D'autres glissements sémantiques ont été relevés en latin par Meillet & Vendryes (1963 : 661)[10].

Le passage du sens temporel au sens conditionnel qui est attesté en indo-iranien [...] et se retrouve en germanique (all. wenn) ne s'observe ni en grec ni en latin. Le latin présente en revanche le passage du sens temporel au sens causal pour les conjonctions quom, quoniam, quando.

Même s'il existe finalement une marge très étroite pour pencher vers l'hypothèse de l'unicité de *quand* ou de sa polycatégorisation, nous pensons tout de même que *quand* est une particule *qu-* au moins dans les exemples tels que le suivant, car il ne possède pas le trait [+Temporel] et qu'il n'existe pas de contexte interrogatif correspondant.

60)   *Malgré tout, à la fin du VIIe Plan (1986-1990), la Chine ne pourra former que 500 000 enseignants du secondaire, **quand** il en faudrait 900 000.* [Monde Diplo]

Il est donc tout à fait envisageable de soutenir que tous les *quand* n'ont pas le même statut catégoriel et qu'il existe deux formes homonymes. Les exigences descriptives et méthodologiques que nous nous sommes imposées dans ce travail nous amènent à ne pas accepter la solution de facilité consistant à généraliser une analyse à tous les emplois à partir de contextes restreints, mais au contraire à chercher à exploiter des indices aussi minces soient-ils.

Références

ARRIVÉ M., GADET F. & GALMICHE M. (1989), *La Grammaire d'aujourd'hui*, Flammarion.

BEAUZÉE N. (1767), *Grammaire générale ou Exposition raisonnée des éléments nécessaires du langage pour servir de fondement à l'étude de toutes les langues*, Reproduction de l'édition de Paris : J. Berbou, http://gallica.bnf.fr.

BENZITOUN C. (à paraître), « Annotation morphosyntaxique : où est le problème », *Description Linguistique pour le Traitement Automatique du Français, Cahiers du Cental.*

BENZITOUN C. (2006), *Description morphosyntaxique du mot quand en français contemporain*, Thèse de doctorat, Université de Provence.

BLANCHE-BENVENISTE C., BILGER M., ROUGET C., EYNDE K. van den & MERTENS P. (1990), *Le français parlé : études grammaticales*, collection Sciences du langage, éditions du CNRS.

BONNARD H. (1993), *Code du français courant*, Paris, Editions Magnard.

CHÉTRIT J. (1976), *Syntaxe de la phrase complexe à subordonnée temporelle*, Paris, Klincksieck.

DECLERCK R. (1997), *When-Clauses and Temporal Structure*, London, Routledge.

DEULOFEU H.-J. (1999), « Questions de méthode dans la description morphosyntaxique de l'élément que en français contemporain », *Recherches sur le français parlé*, 15, 163-198.

EYOT Y. (1948), *Quand...*, Le français moderne, 16, 108.

HERMAN J. (1963), *La formation du système roman des conjonctions de subordination*, Berlin, Akademie-Verlag.

IMBS P. (1956), *Les propositions temporelles en ancien français. La détermination du moment. Contribution à l'étude du temps grammatical français*, Les Belles Lettres, Paris, Publications de la Faculté des Lettres de l'Université de Strasbourg.

---

10. Kortmann (1997), s'appuyant sur de nombreuses langues européennes, relate aussi le passage généralisé du temporel à ce qu'il appelle CCC (Cause, Condition, Concession).

KORTMANN B. (1997), *Adverbial Subordination : A typology and History of Adverbial Subordinators Based on European Languages*, Empirical Approaches to Language Typology, Mouton de Gruyter.

KUNSTMANN P. (1990), *Le Relatif-interrogatif en ancien français*, Publications romanes et françaises, CXCI, Droz.

LE GOFFIC P. (1993), « Les subordonnées circonstancielles et le classement formel des subordonnées », in Claude Guimier (éd), *1001 circonstants*, Caen, Presses Universitaires de Caen.

LE GOFFIC Pierre (2001), « Sur les sources et le développement de la subordination dans le langage : l'exemple de l'indo-européen », Dupuy-Engelhardt, Palma & Tyvaert éds, *Les phrases dans les textes, les sons et les mots pour les dire, les connecteurs du discours, l'opposition verbo-nominale en acte*, Actes des journées scientifiques 2000, *Recherches en Linguistique et Psychologie cognitive*, Presses Universitaires de Reims, 16, 25-56.

MEILLET A. & VENDRYES J. (1963), *Traité de grammaire comparée des langues classiques*, Paris, Honoré Champion.

MEILLET A. (1921), « Le renouvellement des conjonctions », in *Linguistique historique et linguistique générale*, Slatkine, Genève-Paris, Champion, 159-174, éd. de 1982.

MOIGNET G. (1974), *Études de psycho-systématique française*, Paris, Klincksieck.

MORIN Y.-C. (1990), « La prononciation de [t] après *quand* », *Linguisticae Investigationes*, 14/1, Amsterdam, John Benjamins, 175-189.

MULLER C. (1996), *La Subordination en français*, Collection U, Armand Colin.

PICARD M. (1991), « La prononciation *quand* [t] devant consonne et l'hypercorrection », *Linguisticae Investigationes*, Amsterdam, John Benjamins, 15/2, 425-428.

PIERRARD M. (2005), « Les proformes indéfinies : connexion de prédications et subordination », Nølke & Lambert eds, *La syntaxe au cœur de la grammaire*, Recueil offert en hommage pour le 60ᵉ anniversaire de Claude Muller, Coll. « Rivages linguistiques », Presses Universitaires de Rennes, 235-244.

PIERRARD M. (2002), « Grammaticalisation et restructuration fonctionnelle : *comme* et la subordination », Lagorgette & Larrivée éds, *Représentations du sens linguistique*, Studies in Theoretical Linguistics, Lincom, 293-307.

POHL J. (1948), Réponse citée dans Antoine (1948), *Le français moderne*, 16, p. 274.

SABIO F. (2003), « L'écriture cérémonieuse chez les enfants : quelques exemples d'intégration grammaticale », Ferreiro & Pascucci éds, *Rivista di psicolinguistica applicata*, special issue, 79-90.

SANDFELD K. (1936), *Syntaxe du français contemporain, Tome II : Les propositions subordonnées*, Copenhague-Paris, Librairie E. Droz.

SCHMITT JENSEN J. (1973), « L'infinitif et la construction relative en français et en italien contemporain », *Revue Romane*, 8/1-2, 122-132.

TOGEBY K. (1965), *Structure immanente de la langue française*, Langue et Langage, Larousse, première édition 1951.

WAGNER R. L. & PINCHON J. (1962), *Grammaire du français classique et moderne*, Hachette, Hachette Université.

ABSTRACTS

1) Claude Muller : « Valeurs communes et valeurs particulières des formes QU- en français »

We show in this paper that all the uses of QU- words, as indefinite pronouns as well as connective words, can be explained from a lexical and a predicative constraint; the first constraint, of semantic nature, excludes any determinate use inisolation, the form being interpreted as a free variable; the second constraint imposes, even in polarity contexts, a double prédication resulting in obligatory morphological extensions, even in the pronominal uses, these extensions being more or less grammaticalised.

2) José Deulofeu : « Quel statut pour l'élément QUE en français contemporain ? »

The paper makes assumptions about the grammatical category of the form que in French and the syntactic relations in which are involved the constituents it introduces. In all its uses in declarative sentence forms it is analysed as a complementizer, contrasting with its pronominal status in interrogatives. As for the syntactic relations involving the whole constituent that que introduces, it is shown that they are of three types:
– a pragmatic marker linking an utterance to various "discourse patterns"
– a marker of conventionalized discourse routines resulting in "quasi-modifiers"
– a member of a specific type of "correlative" construction.

3) Pierre Le Goffic : « QUE complétif en français : essai d'analyse »

In this paper, a unified description of the introducers of 'completive subordinate clauses' in French (as in Je crois qu'il va pleuvoir 'I think that it is going to rain') is given, taking into account the que P / ce que P variation (as in Je suis heureux que P / Je suis heureux de ce que P 'I am happy that S' / literally 'I am happy of this that S') and linking the 'completive' que to other uses of que (interrogative, relative,...), within an overall theory of Qu-words (described in other papers). The basic hypothesis is that 'Qu- words' in French, like their English counterparts 'Wh- words', build a word class whose main characteristics is to introduce variables, in various manners corresponding to their different uses (interrogative, indefinite, subordinative,...). No 'complementizer' is considered: que, in its function of introducing 'completive subordinate clauses', is a full-fledged 'Qu- word', namely a pronoun used in a highly abstract way.

4) Michel Pierrard : « Que dans les comparatives équatives : une proforme indéfinie ? »

The present study aims at characterizing the status of the element que in equative constructions, as represented by the examples (1) and (2):
(1)   a) Robert est aussi intelligent que Maria.
(2)   a) Robert boit autant qu'il mange.
This use of que seems to be located at the fringe of the already widely described properties of the indefinite proform (PI) in interrogative or relative clauses. This use can obviously not simply be reduced to an instantiation of the conjunction. The analysis of the functioning of equative que will lead to three conclusions concerning its status and its role in the connection of clauses:
a) Que will be characterized as a scalar adverbial, restricting the range of the equality/ superiority/ inferiority with the degree of the standard it introduces.
b) Que operates within a correlative relation and connects a secondary predication to an element of the predicative structure of the prior predication, but without reclassifying it.

c) If a mutual dependence of the two components of the marker is needed to express the equative function, *que* is still syntactically governed and semantically directed by the first component (*aussi/autant*).

5) Florence Lefeuvre & Corinne Rossari : « *Les degrés de grammaticalisation du groupe préposition + quoi anaphorique* »

The authors study the proform *quoi* when it is anaphoric of a predicative phrase (*Il déjeuna. Après quoi il partit*). In this structure, this proform loses several properties – what shows a grammaticalisation in progress. The authors make the assumption that *quoi* functions as a relative pronoun or an indefinite pronoun without value of subordination. Five groups emerge : In the first one, the demonstrative *ce* is essential as antecedent to the pronoun *quoi*, with a predicative value (*Ce à quoi il parvint*). In the second one, *ce* is optional (*Ce en quoi il a raison / Ce à quoi elle répliqua que P*); it can have a predicative value with the preposition *en* but not with the preposition *à*. In the third and the fourth groups, *ce* is impossible : in the third group, the group prep. + *quoi* (*à quoi*) assumes an argumentative function whereas in the fourth group, the group prep. + *quoi* (*après quoi*) is an adverbial phrase. At last, in the fifth group, *quoi* can be analysed as an indefinite pronoun: the utterances it introduces accept a different modality from the previous sentence, i.e. the interrogative modality.

6) Estelle Moline : « *Comme et l'assertion* »

Estelle Moline accounts for a broad panel of *comme*-constructions. She shows how the presence of the *comme* morpheme steadily correlates with the suspension of assertion. She first describes the cases where *comme* corresponds to the *qu-* manner proform: in such cases, no assertion is possible within a simple clause, and embedded clauses trigger an indefinite presupposition. She then deals with constructions where *comme* is not a *qu-* manner proform: here, in complex clauses, the presupposed content of the embedded clause is definite; in simple clauses, *comme* generally shows a kind of distance-taking from the assertion.

7) Pascale Hadermann : « *De la concession au libre choix en passant par la polarité : le cas de où que P et de n'importe où* »

Où que P and *n'importe où*, non specifying pro-forms, occupy regularly positions which are more satellite than those of forms such as *qu- que P* and *n'importe qu-*. The aim of this study will be to describe how relations between *n'importe où* or *où que P* and verbal nucleus interfere with their semantic functioning: concessive, negative polarity or free choice effects. *Où que P* seems to prefer the value of concessive conditionals without denying the use of polarity or the use of free choice. In the latter situation we essentially observe a more condensed integration. On the other hand, *n'importe où* functions generally as a free choice marker, but it accepts exceptionally a polarity application in all contexts supporting a downward monotone orientation. In this case, it prefers a more loose connection with the main clause or with one of its constituents.

8) Christophe Benzitoun : « *Qui est quand ? Essai d'analyse catégorielle* »

In this paper, we suggest that French morpheme *quand* is a "proform", and not a conjunction, in some of these contemporary uses. This result is based on several distributional properties and on some attested examples from varied sources: spoken French, Web, literature, etc. With this corpus-based approach, we also question the relevance of analogy between parts-of-speech, syntactic relations and semantic values.